湖北省中等职业教育技能高考教材配套教学用书
武汉市中等职业学校旅游酒店类技能大赛参考资料

旅游专业综合辅导练习册

主　编　马　海　万艳芳　周莉红
主　审　王　辉　梁建军

電子工業出版社
Publishing House of Electronics Industry
北京 · BEIJING

内 容 简 介

本练习册与《酒店服务实训教程》（湖北省技能高考酒店服务与管理专业教材，由武汉市职业技术学院韩鹏教授、湖北省旅游学校刘晓芬老师主编，旅游教育出版社出版）相配套，分为酒店管理篇和旅游导游篇。其中，酒店管理篇涉及餐饮、前厅、客房三大板块，并编入了实用性很强的英语口语练习内容；旅游导游篇涵盖导游基础知识及实务部分。

练习册在体系、结构上与教材保持高度一致，每单元包括单项选择题、多项选择题、判断正误并改错三种题型，与技能高考题型基本相符，可满足学生对教学内容进行多形式练习的需要，并有助于加强学生对专业知识的理解与渗透。

本练习册配有相关资料请登录华信教育资源网 http://www.hxedu.com.cn 免费下载。

本练习册不仅可作为参加湖北省旅游类专业（酒店管理专业、导游专业）技能高考相关学校教师备课辅导的好帮手，还可作为学生复习备考的“红宝书”，同时还对旅游专业技能比赛、上岗培训有实际指导作用。

图书在版编目（CIP）数据

旅游专业综合辅导练习册/马海，万艳芳，周莉红主编. —北京：电子工业出版社，2018.1
ISBN 978-7-121-33056-8

Ⅰ. ①旅… Ⅱ. ①马… ②万… ③周… Ⅲ. ①旅游－中等专业学校－习题集－升学参考资料
Ⅳ. ①F590-44

中国版本图书馆 CIP 数据核字（2017）第 284087 号

策划编辑：陈　虹
责任编辑：陈　虹　　特约编辑：安家宁　齐美叶
印　　刷：北京虎彩文化传播有限公司
装　　订：北京虎彩文化传播有限公司
出版发行：电子工业出版社
　　　　　北京市海淀区万寿路 173 信箱　邮编 100036
开　　本：787×1 092　1/16　印张：11　字数：280 千字
版　　次：2018 年 1 月第 1 版
印　　次：2021 年 12 月第 9 次印刷
定　　价：28.00 元

凡所购买电子工业出版社图书有缺损问题，请向购买书店调换。若书店售缺，请与本社发行部联系，联系及邮购电话：（010）88254888，88258888。

质量投诉请发邮件至 zlts@phei.com.cn，盗版侵权举报请发邮件至 dbqq@phei.com.cn。

本书咨询联系方式：chitty@phei.com.cn。

前　言

前期我们组织了武汉市教学经验丰富的中职专业教师精心编写了与湖北省技能高考酒店服务与管理专业教材《酒店服务实训教程》（由旅游教育出版社出版，武汉市职业技术学院韩鹏教授、湖北省旅游学校刘晓芬老师主编）相配套的练习册，对 2017 年武汉市各学校准备参加相关技能高考的学生起到了重要的辅助作用。此次出版，着重对教程中的每一个知识点进行再次梳理和归纳，融入了导游基础知识及实务部分，使其成为旅游类专业教师在技能高考阶段备课辅导的好帮手、学生复习备考的“红宝书”。

本练习册由武汉市第二职业教育中心学校马海、武汉市第一职业教育中心万艳芳、武汉市第二职业教育中心学校周莉红主编，武汉教育科学研究院旅游专业教研员王辉、武汉市旅游类教研中心组组长梁建军主审。具体编写分工为：武汉市财贸学校王维顺、武汉市第三职业教育中心徐云编写单元一；武汉市第一职业教育中心黄道艳、郑秋华编写单元二；武汉市第二职业教育中心学校汤敏编写单元三；武汉市第三职业教育中心黄晓荣编写单元四；武汉市第二职业教育中心学校周莉红编写单元五；武汉市第一职业教育中心万艳芳、刘慧慈编写单元六；武汉市第二职业教育中心学校贾云编写单元七；武汉市黄陂区职业技术学校胡颖、方露编写单元八；武汉市第二职业教育中心学校殷媛媛编写单元九。导游篇是由武汉市旅游学校谌晓敏、肖蕾编写单元十；雷鸣编写单元十一。

其他参加编写的还有：武汉市旅游学校王芳、武汉市第一商业学校杜兴旺、武汉市第二商业学校覃洪洲、武汉市财政学校何竟、武汉市东西湖职业技术学校徐莹、武汉市供销商业学校张薇、武汉市石牌岭高级职业中学胡少文、武汉市交通学校李艳艳。

由于时间仓促，加之编者水平有限，书中不足之处在所难免，欢迎读者批评指正。

编　者

目　录

酒店管理篇

旅游导游篇

酒店管理篇

单元一 饭店概论

一、单项选择题

1.“饭店”一词，英语是“Hotel”，来源于（　　），原指王公贵族在乡间招待贵宾的别墅。

A．意大利语　B．法语　C．德语　D．西班牙语

2．以中、高档为主，大多地理位置优越、交通方便、通信设施齐全、适应范围广泛，在饭店行业中占有较大比例的是（　　）。

A．会议型饭店　B．汽车旅馆　C．观光型饭店　D．商业型饭店

3．多建在风景城市和景区（点）附近，客房以标准间为主，多设有会议设施和康乐、体育、娱乐服务项目的饭店是（　　）。

A．观光型饭店　B．汽车旅馆　C．会议型饭店　D．商业型饭店

4．多设在大中城市和风景区，客房以装修优良的标准间为主，设有部分套房和豪华套房，会议室较多，会议设施齐全，同时设有歌厅等康乐娱乐设施的饭店是（　　）。

A．商业型饭店　B．观光型饭店　C．会议型饭店　D．汽车旅馆

5．以接待长住客人为主，以家庭客人居多，配备客人长住需要的家具设备，满足长住客人生活需要的饭店是（　　）。

A．商业型饭店　B．观光型饭店　C．公寓型饭店　D．会议型饭店

6．房价中包括一日三餐的费用，多以团队客人为主，一些偏远地区的度假村、疗养型饭店也会采用的计价方式的饭店是（　　）。

A．美式计价饭店　B．百慕大计价饭店

C．修正美式计价饭店　D．欧式计价饭店

7．一家饭店的客房数有500间，它属于（　　）。

A．小型饭店　B．中型饭店　C．大型饭店　D．超大型饭店

8．我国饭店等级的评定机构是（　　）。
A．国家旅游管理部门　　B．饭店行业协会
C．汽车协会或俱乐部　　D．度假俱乐部

9．国际最通行且我国也采用的饭店等级划分制度是（　　）。
A．字母表示法　B．数字表示法　C．文字表示法　D．星级表示法

10．世界饭店业发展的客栈时期，在15～18世纪较为盛行，并以（　　）的客栈最为发达。
A．美国　B．法国　C．英国　D．德国

11．（　　）随着欧美等国进入工业化时代，世界饭店业进入了大饭店时期。
A．17世纪中期　　B．8世纪中期
C．18世纪末叶　　D．19世纪初期

12．美国的饭店大王（　　）被公认为是商业饭店的创始人。
A．托马斯•库克　　B．埃尔斯沃思•斯塔特勒
C．欧内斯特•亨得森　　D．康拉德•N•希尔顿

13．1984年，我国饭店也在全行业推广（　　）科学管理方法，走上与国际接轨的科学管理轨道。
A．广州白天鹅宾馆　　B．广州中国大饭店
C．上海和平饭店　　D．北京建国饭店

14．商业饭店时期推行科学的经济管理手段和方法质量标准化体现（　　）的经营观念。
A．高价经营　B．高成本运营　C．薄利多销　D．零利率

15．客栈是指乡间或路边的小客栈、小旅馆，供（　　）使用。
A．路人　　B．情侣
C．短期居住的客人　　D．长期居住的客人

二、多项选择题

1．饭店企业必须具备的条件有（　　）。
A．它必须是一个完好的建筑并经过装修美化的接待服务场所
B．它必须能够提供住宿、餐饮服务，也可提供商品、康乐项目等其他服务
C．它的服务对象是社会公众，既包括外出旅行的客人，也包括本地居民
D．它必须以盈利为目的，使用者要支付一定费用，经营者必须自主经营、独立核算、自负盈亏、自担风险

2. 对饭店进行分类的作用有（　　）。
A. 便于投资人根据饭店类型来选择投资方向，做出投资决策，做好建筑设计与装修
B. 便于经营者做好饭店市场定位，选择主要目标市场，提供相应服务
C. 便于旅游管理部门按照标准执行管理
D. 便于客人了解饭店主要消费项目，选择计价方式

3. 根据接待对象，饭店可分为（　　）。
A. 商业型饭店　B. 观光型饭店　C. 会议型饭店　D. 民宿
E. 汽车旅馆　F. 背包客栈　G. 公寓型饭店

4. 根据计价方式，饭店可分为（　　）。
A. 欧式计价饭店　B. 美式计价饭店　C. 英式计价饭店
D. 欧陆式计价饭店　E. 修正美式计价饭店　F. 百慕大计价饭店

5. 饭店划分等级的目的有（　　）。
A. 有利于投资抉择　B. 保护消费者权益
C. 规范饭店行业的行为　D. 有利于行业监督和管理

6. 世界饭店业发展的阶段有（　　）。
A. 客栈时期　B. 大饭店时期
C. 商业饭店时期　D. 现代饭店时期

7. 大饭店时期的主要特点有（　　）。
A. 建造在大城市，规模宏大、气派，设备豪华、奢华，许多都成为艺术珍品
B. 提供必要的舒适和方便、优质的服务与清洁卫生
C. 服务项目多、服务一流、讲究礼仪，尽全力满足客人的需求，但价格昂贵
D. 排斥平民百姓，投资者几乎都是上层贵族

8. 斯塔特勒创建的饭店被誉为现代商业饭店的里程碑，他提出了许多饭店经营管理的原则和至理名言，如（　　）。
A. 把饭店的每一寸土地都变成盈利空间
B. 酒店联号的任何一家分店必须要有自己的特点，以适应不同国家、不同城市的需要
C. 饭店从根本上讲，只销售一种东西，这就是服务
D. 饭店经营成功的根本要素是地点、地点，还是地点

9. 商业饭店时期的主要特点是（　　）。
A. 以商务旅行者和广大公众为主要服务对象

B．提出新的服务理论
C．价格合理、物有所值、讲求经济效益
D．推行科学的经济管理手段和方法，体现薄利多销的经营管理

10．现代饭店时期，有两大饭店联号的控制能力最强，影响力最大，它们是（　　）。
A．喜来登　　B．喜达屋　　C．洲际　　D．希尔顿

11．现代饭店时期的主要特点是（　　）。
A．一般布局在城市中心、旅游胜地、交通要道等地
B．面向大众旅行市场，类型多样化
C．规模扩大，连锁经营和集团化趋势明显
D．饭店服务综合化，满足旅行者多种需求

12．中国古代官方开办的住宿设施主要有（　　）。
A．客栈　　B．会馆　　C．驿站　　D．迎宾馆

13．饭店等级的评定标准包括（　　）。
A．饭店客房、餐厅、康乐服务项目等的设施设备所达到的等级，包括客房、餐厅的最低数量
B．饭店服务项目的多少及其达到的水平
C．饭店服务质量，包括安全、卫生和服务水平
D．老板投资了多少钱在这个酒店

三、判断正误并改错

1．旅游饭店是指能够以日为时间单位向游客提供配有餐饮及相关服务的住宿设施。（　　）

2. 汽车旅馆以接待开车旅行的客人和家庭客人为主，多建在高速公路的交叉路口和近城区的高速公路入口处。（　　）

3. 房价中只含房租，不含餐费，为世界大多数饭店所采用的计价方式是美式计价饭店。（　　）

4．欧陆式计价饭店与百慕大计价饭店的区别只是早餐类型不同。（　　）

5．修正美式计价饭店的房价中含有一个早餐和一个晚餐的费用。（　　）

6．美国和英国的饭店等级评定机构都是汽车俱乐部。（　　）

7．用字母表示法表示饭店等级，一般 A 为最高级，E 为最低级。（　　）

8．用数字表示法表示饭店等级，数字越大，等级越高；数字越小，等级越低。（　　）

9．我国饭店等级最低为一星级，最高为七星级。（　　）

10．大饭店时期最有影响力的代表人物是瑞典人恺撒·里兹，其名言“客人永远是对的”被世界饭店业世代相传。（　　）

11．20 世纪 50 年代末 60 年代初，饭店业发生巨大变革，进入现代饭店时期。（　　）

12．在中国，饭店业已有 2000 多年的历史。（　　）

13．数千年来，中国的唐、宋、明、清被认为是饭店业发展较快的时期。（　　）

14．1988 年，国家旅游局颁布了饭店星级标准，开始对旅游涉外饭店进行星级评定，经多次修正，现在采用的是 2003 版本。（　　）

15．受国际、国内经济环境变化的影响，饭店业经济效益出现滑坡，“走集约型发展之路”越来越成为饭店业的共识。（　　）

单元二　前厅服务基本技能实训

一、单项选择题

1．（　　）是每一位客人抵达、离店的必经之地，是饭店对客服务的开始和最终完成的场所，也是客人对饭店形成第一印象和最后印象之处。

A．前厅　B．总机　C．客房　D．餐厅

2．前厅部任务众多，但首要任务是（　　），确保饭店各项业务有序顺畅地进行。

A．建立客账　B．提供信息
C．协调对客服务　D．销售饭店客房及其他产品

3．前厅部是一个综合性服务部门，服务项目多、时间长，饭店的任何一位客人从抵店前（　　）到入住，直至离店结账，都需要前厅部提供服务。

A．入住　B．登记　C．预订　D．问讯

4．前厅部犹如饭店的大脑，在很大程度上控制和协调着整个酒店的经营活动，这是前厅部的（　　）的作用。

A．参谋和助手　B．饭店形象的代表
C．协调　D．创造经济收入

5．前厅部员工，尤其是（　　）必须认真负责，一丝不苟，并协调好其他部门的工作，以保证饭店的正常运转。

A．行李员　B．接待员　C．门童　D．迎宾员

6．为客人提供食宿是饭店最基本的功能，（　　）是饭店最大、最主要的商品。

A．客房　B．餐饮　C．会议　D．商务中心

7．除饭店的营销部外，前厅部的预订处和（　　）也要负责推销客房的工作。

A．问讯处　B．接待处　C．收银处　D．礼宾部

8．（　　）是前厅部的主要任务之一。

A．客房预订　B．为客送餐　C．打字复印　D．洗衣服务

9．（　　）的主要职责是办理离店客人的结账手续。

A．预订处　B．收银处　C．商务中心　D．接待处

10.（　　）的主要职责是销售客房，接待住店客人，为客人办理入住登记手续，分配房间；掌握住客动态信息，控制房态等。

A．预订处　　B．收银处　　C．商务中心　　D．接待处

11．饭店客房的使用状况是由（　　）控制的，准确有效的房态控制，有利于提高客房利用率及对客服务质量。

A．接待处　　B．总台　　C．收银处　　D．问讯处

12．通过使用优美的语言、令人愉快的声调，恰当的内容和灵活的语言技巧，使服务过程显得有生机，是前厅部员工（　　）的体现。

A．应变能力　　B．合作精神

C．语言交际能力　　D．诚实度

13．饭店的客人来自世界各地，具有不同的生活习惯、知识或修养，前厅部员工只有具备良好的（　　），才能妥善处理在接待客人时遇到的特殊问题。

A．应变能力　　B．合作精神

C．语言交际能力　　D．诚实度

14．前厅部员工只有具备较宽的知识面和丰富的专业知识，才能为客人提供翔实的信息。这是对前厅员工（　　）方面的要求。

A．业务操作技能　　B．合作精神

C．语言交际能力　　D．知识面

15. 前厅部员工必须熟练掌握业务知识，并对饭店整体情况有清楚的了解，能够快速、准确地按操作程序完成本职工作。这是对前厅员工（　　）方面的要求。

A．业务操作技能　　B．合作精神

C．语言交际能力　　D．知识面

16．商务中心服务项目不包括（　　）。

A．会议出租　　B．复印服务　　C．兑换外币服务　　D．秘书服务

17．（　　），不属于前厅的工作。

A．收取客人的费用　　B．通知客房部整理房间

C．通知后勤部对物品维修　　D．去客房帮忙铺床

二、多项选择题

1．前厅部又称（　　）。

A．客务部　　B．问讯部　　C．前台部　　D．客房部

2．饭店前厅部亦称饭店的（　　），是饭店业务活动的中心。
A．“大脑”　B．首脑　C．“中枢神经”　D．服务中心

3．前厅部运行的好坏将直接影响饭店整体的（　　）。
A．服务质量　B．管理水平　C．经济效益　D．市场形象

4．前厅部除了是饭店管理的参谋和助手外，还（　　）。
A．是饭店活动的中心　B．是饭店形象的代表
C．具有协调作用　D．是创造经济收入的关键部门

5．前厅服务贯穿于客人在饭店内活动的全过程，是饭店服务的（　　）。
A．起点　B．终点　C．未来　D．末端

6．前厅部是饭店对外营业的窗口，有经验的客人通过饭店前厅部服务与管理，就能判断这家饭店的（　　）。
A．服务质量　B．管理水平　C．档次高低　D．价格

7．前厅部的有效运转有利于（　　）。
A．增加客房销售收入　B．提高饭店经济效益
C．提高客房出租率　D．增加员工收入

8．前厅服务的好坏不仅取决于大堂的各项硬件设施，更取决于前厅员工的（　　）和工作效率等。
A．精神面貌　B．礼貌礼节　C．服务态度　D．服务技巧

9．前厅部除销售客房外，还可通过提供（　　）等直接取得经济收入。
A．邮政　B．电信　C．票务　D．出租车服务

10．每日或定期向饭店高层提供真实反映饭店经营管理情况的（　　），并向饭店管理机构提供咨询意见，作为制定和调整饭店经营策略的参考依据。
A．数据报表　B．工作报告　C．收入　D．客房出租

11．前厅部的主要部门有（　　）、礼宾部、电话总机和商务中心。
A．预订处　B．接待处　C．问讯处　D．收银处

12．前厅部的主要任务除客房预订、入住登记和推销客房外，还有（　　）。
A．信息管理　B．礼宾服务　C．财务管理　D．房态控制

13．礼宾服务包括在机场、车站接送客人，（　　）和问讯服务等。
A．门口迎宾　B．行李搬运　C．出租车服务　D．邮电服务

14．电话总机的主要职责是接转电话，为客人提供（　　）。

A．请勿打扰电话服务　　B．叫醒服务

C．问讯服务　　D．预订服务

15．问讯处的主要职责是回答客人问讯，以及（　　）。

A．接待来访客人　　B．处理客人邮件

C．留言服务　　D．分发和保管客房钥匙

三、判断正误并改错

1．前厅接待服务及相关区域所设置的相关岗位及结构单元组成了饭店组织机构中十分重要的部门——前厅部。（　　）

2．无论饭店的规模大小、档次如何，前厅部都是为客人提供信息服务的中心。（　　）

3．前厅是每一位客人抵达、离开客房的必经之地，是饭店对客服务的形成和最终完成的场所，也是客人对饭店形成第一印象之处。（　　）

4．前厅是饭店的营业橱窗，是饭店形象的代表，反映饭店的整体服务质量。（　　）

5．前厅发出的每一项指令、每一条信息都将间接影响饭店其他部门对客人的服务质量。（　　）

6．在饭店营业收入中，客房的销售额通常低于其他各项业务的销售额。（　　）

7．作为饭店业务活动的中心，前厅部能收集到有关整个饭店经营管理的各种信息，并对这些信息进行认真的整理和分析。（　　）

8．接受客人预订是前厅部的主要任务。（　　）

9．总台只接待住店客人，为他们办理住店手续、分配房间等，不接待其他消费客人及来访客人等。（　　）

10．传真机不属于前厅部的办公设备。（　　）

11．优秀的前厅员工必须着装整洁、大方，面带微笑，主动热情，讲究礼仪、礼貌，彬彬有礼，头脑反应灵敏，记忆准确，表情自然，留意客人的表情，注意客人的动作，掌握客人的心理。（　　）

12．每一个员工都应该意识到前厅就是饭店的一个“舞台”，每个人都在扮演一个特定的角色，要演好这场戏，员工只需做好自己就行。（　　）

13．前厅部财务管理包括建立客人账户、外部市场信息、登账和结账等多项工作。（　　）

14．预订处主要负责饭店的订房业务。（　　）

15．收银处主要职责是办理离店客人的结账手续。（　　）

16．高素质的前厅员工是创造前厅气氛最积极的因素，代表饭店的整体形象。（　　）

任务一　前厅预订

一、单项选择题

1. 预订是指客人在抵店前，要求饭店为其保留（　　）的预先约定，又称订房。
A. 位置　　B. 餐位　　C. 客房　　D. 会议室

2. 做好（　　）工作，是饭店争取客源、扩大市场的重要环节。
A. 前厅接待　　B. 客房预订　　C. 电话问讯　　D. 行李服务

3.（　　）是指客人的订房日期与抵店日期非常接近，甚至是抵店当天进行订房。
A. 临时类预订　　B. 确认类预订　　C. 等候类预订　　D. 传真预订

4. 按照国际惯例，饭店对预先订房的客人，会为其保留房间直至（　　）为止。
A. 预订当日下午　　B. 预订抵店日次日中午
C. 预订当日 18:00　　D. 预订抵店日当日 18:00

5. 临时类预订通常由（　　）直接受理，接受此预订时，应注意提醒客人预订将保留至当日 18:00。
A. 行李员　　B. 话务员　　C. 接待员　　D. 预订员

6.（　　）是指客人在提前较长时间提出订房要求，饭店以书面形式予以确认的订房方式。
A. 临时类预订　　B. 确认类预订　　C. 保证类预订　　D. 等候类预订

7.（　　）是指在饭店客房已满的情况下，将一定数量的客人列入等候名单，如果客人取消订房或提前离店，饭店则通知此类客人。
A. 临时类预订　　B. 确认类预订　　C. 保证类预订　　D. 等候类预订

8. 保证类预订的客房一般为客人保留到（　　）。
A. 预订当日下午　　B. 预订抵店日次日中午
C. 预订当日 18:00　　D. 预订抵店日次日 18:00

9. 对酒店而言，如果保证类预订客人预订未到，又没有提前向饭店取消订房，饭店有权从预付定金中按合同约定收取（　　）的房费。
A. 1 天　　B. 0.5 天　　C. 2 天　　D. 3 天

10. 如果信用卡担保预订的客人预订期限内未到，饭店可通过（　　）收取房费。
A. 信用卡　　B. 信用卡公司　　C. 银行　　D. 客人

11.（　　）是目前最先进的订房方式，它使用方便，可以提高订房效率，广泛争取客源。

A. 电话预订　B. 面谈预订　C. 传真预订　D. 网络预订

12. 在酒店营业高峰期，如节假日，或当地举行重大经贸活动时，应需增加下列哪种预订（　　）。

A. 临时类预订　B. 等候类预订　C. 保证类预订　D. 确认类预订

13.（　　）是应用最为广泛的预订方式。

A. 电话预订　B. 面谈预订　C. 传真预订　D. 网络预订

14. 会议主办方和旅行社经常使用的预订方式是（　　）。

A. 信函预订　B. 面谈预订　C. 传真预订　D. 网络预订

15. 必要时，（　　）的预订人员可请客人参观饭店客房，有针对性地采取相应的推销技巧进行适当促销。

A. 信函预订　B. 面谈预订　C. 传真预订　D. 网络预订

16. 接听电话应在电话铃响（　　）内拿起听筒。

A. 1 声　B. 2 声　C. 3 声　D. 4 声

17. 受理电话预订时尽量使用（　　）回答。

A. 中文　B. 英文　C. 客人使用的语言　D. 本地方言

18. 在客房报价时，如果对方是合同单位，应该报（　　）价格。

A. 较高　B. 原价　C. 较低　D. 优惠

19. 如果客人声称已经办理了预订，而饭店无法找到其订房的资料时，下列做法错误的是核查（　　）客人名单。

A. 次日抵离店　B. 当日

C. 未来十天预抵店　D. 已离店

20. 在受理电话预订时，订房员应在通话结束前重复客人的（　　），避免出现差错。

A. 订房费用　B. 身份证明　C. 联系电话　D. 订房时间

二、多项选择题

1. 客房预订工作是客人到达之前开始的，是客人对饭店形成印象的开始，其效率和质量直接关系到（　　）。

A. 客人对饭店的第一印象　B. 客人是否选择该饭店

C．客人是否投诉　　D．客人是否开心

2．“Cut-off Date”的意思是（　　）。
A．退房时限　　B．取消预订时限
C．截房时间　　D．延迟退房时限

3．预订的种类有（　　）。
A．临时性预订　B．确认类预订　C．等候类预订　D．保证类预订

4．保证类预订有（　　）三种形式。
A．预付款担保　B．信用卡担保　C．合同担保　D．支票担保

5．合同担保所签订的合同内容主要包括签约单位的（　　）。
A．账号　　B．地址
C．承担责任的说明　　D．承担付款责任的说明

6．宾客在订房时，承诺使用信用卡担保的方式，应将信用卡的（　　）告知饭店。
A．种类　B．号码　C．有效期　D．持卡人姓名

7．传真预订的特点是（　　）。
A．不易出现订房纠纷　　B．传递迅速、准确
C．内容详尽　　D．可传递客人的真迹

8．通过计算机订房网络系统，可将连锁酒店的订房系统与（　　）联网，实现资源共享。
A．旅行社　B．海外旅游公司　C．航空公司　D．银行

9．预订员获悉客人的住宿要求后，应将（　　）等信息填入客房登记单。
A．客人姓名　B．抵离店日期　C．所需客房种类　D．特殊要求

10．预订中，确认取消预订的标准是（　　）。
A．记录取消预订代理人的姓名及电话
B．询问客人是否要做出下一阶段的预订
C．查询原始预订单
D．将预订取消信息输入计算机

11．客房预订流程中，在确认预订前，预订员要（　　）。
A．问候客人　　B．明确客人订房要求
C．查看房态　　D．表示受理或婉拒预订

12. 受理散客电话预订时，在礼貌问候客人后，应该询问客人的（　　），并询问客人有无特殊要求。

A. 订房要求　　B. 姓名

C. 联系方式及付款方式　　D. 抵达方式及时间

13. 受理电话预订，在询问客人姓名时，应做到（　　）。

A. 询问客人姓名及英文拼写

B. 中文要确认是哪一个字，避免出现同音字

C. 英文要确认准确的拼法

D. 复述确认

14. 在接到客人变更预订信息后，确认变更预订前，预订员应该（　　）。

A. 询问客人的姓名及原始抵离日期　　B. 询问客人需要更改的内容

C. 查询客房出租和预订情况　　D. 填写新的预订单

15. 如果客人需要变更预订的内容，饭店无法满足时，应该（　　）。

A. 及时向客人解释　　B. 告知客人预订暂放在候补名单上

C. 饭店有空房时，及时与客人联系　　D. 让客人自己处理

16. 如果同一时期内取消预订较多，预订部要从（　　）等多方面进行综合分析客人取消预订的原因，并将分析结果上报部门经理，以便及时调整营销策略。

A. 价格因素　　B. 竞争对手　　C. 天气原因　　D. 政治因素

三、判断正误并改错

1. 一旦预订完成，饭店和客人双方就拥有了各自的权利和义务，饭店保证客人到达时有准备好的房间，客人保证要按时到达。（　　）

2. 预订的客房保留到客人抵店当日的 12:00。（　　）

3. 临时类预订也要进行书面确认。（　　）

4. 确认类预订一般要求客人预付定金，但规定客人必须在预订抵店当日的 18:00 到达，否则饭店有权取消预订。（　　）

5. 保证类预订是为了保证饭店应有的收入，对客人没有多大意义。（　　）

6. 信函预订是一种古老而正式的订房方式，目前使用较多。（　　）

7. 通过电话预订，预订员可以全面了解客人的预订需求，以便提供个性化服务。（　　）

8. 依据岗位分工的原则，即使是当天的临时预订也应由前厅预订员来受理。（　　）

9. 如客人的要求饭店确实不能代办，则以礼貌的语言婉拒或指引客人用另外的方式解决。（　　）

10. 对于变更后的预订单，应该按照原始预订单上的抵店日期将客人姓名存档。（　　）

11．要在 1～3 分钟内完成客房预订。（　　）

12．预订完毕向客人致谢，预订员要迅速挂断电话。（　　）

13．客人要变更预订信息时，要先查询客房出租和预订情况，在有客房的情况下，可为客人确认变更预订，并填写预订单。（　　）

14．受理电话预订时，预订员的语速要快，语言表达要规范，自然流畅，合理运用推销技巧。（　　）

15．将取消的订单放在原始订单之下，订在一起。按日期将取消的订单放在档案夹第一页。（　　）

16．在客人订房时，需要问客人的国籍。（　　）

任务二　入住登记

一、单项选择题

1．（　　）是前台接待处的中心工作。

A．预订客房　B．管理钥匙　C．办理入住手续　D．分配房间

2．对于办理了预订手续的客人的个人资料，前台可提前打印或填写入住登记表，其目的是（　　）。

A．表现饭店的接待档次　B．体现对客人的尊重程度

C．提高饭店客房出租率　D．缩短客人在前台的滞留时间

3．港澳台同胞最忌讳的数字是（　　）。

A．5　B．7　C．4　D．3

4．客人已经离店，尚未打扫的房间是（　　）。

A．住客房　B．走客房　C．维修房　D．保留房

5．（　　）是客人与酒店间建立正式合法关系的最根本环节。

A．受理宾客预订　B．办理入住登记手续

C．宾客交付预付款　D．填写入住登记表

6．以下不属于预抵店重要客人名单的是（　　）。

A．贵客　B．公司客人

C．需要特别关照的客人　D．黑名单

7．Out Of Order，OOO 表示（　　）。

A．走客房　B．维修房　C．住客房　D．保留房

8．Do Not Disturb，DND 表示（　　）。
A．请勿打扰房　B．预计退房　C．外宿房　D．双锁房

9．Occupied Dirty，OD 表示（　　）。
A．走客房　B．维修房　C．住客房　D．保留房

10．Expected Departure，ED 表示（　　）。
A．请勿打扰房　B．外宿房　C．双锁房　D．预计退房

11．西方客人忌讳带有（　　）的楼层或房号。
A．13　B．4　C．14　D．7

12．在办理入住登记过程中，花费时间最多的步骤是（　　）。
A．识别客人有无预订　B．让客人填写入住登记表
C．排房、定价　D．确定付款方式

13．贵宾入住登记在（　　）进行。
A．前台　B．餐厅内　C．客房内　D．酒吧内

14．通过（　　），查验客人相关身份证件，可以保障饭店及客人的生命、财产安全。
A．预订　B．入住登记　C．机场接送　D．收取预付款

15．办理团队入住手续时，应由（　　）安排房间，接待员须协助发放钥匙。
A．领队　B．门童　C．行李员　D．预订员

二、多项选择题

1．（　　）是饭店接待服务过程中的关键步骤，也是宾客与饭店建立正式的、合法关系的基本环节。
A．入住登记　B．Check-in　C．C/I　D．C/O

2．在给客人办理入住登记手续或分配客房前，接待员必须掌握接待工作所需的信息，这些信息包括（　　）。
A．房态　B．预抵店客人名单　C．预离店客人名单　D．黑名单

3．对于（　　），应尽量安排在离电梯较近的房间。
A．团队　B．带小孩的客人　C．残疾人　D．老年人

4．前台接待员办理客人入住过程中可以受理的有效证件有（　　）。
A．身份证　B．工作证　C．护照　D．士兵证

5．饭店日常主要房态有（　　）和保留房。

A．住客房　　B．走客房　　C．可供出租房　　D．维修房

6．须特别关注的几种房态是（　　）和无行李或少量行李住客房。

A．DND　　B．ED　　C．S/O　　D．D/L

7．饭店在（　　）时，也会双锁客房的房门。

A．为了催缴客人拖欠的房费　　B．发现客房内存在大量贵重物品

C．有特殊情况发生　　D．VIP 入住

8．黑名单是指不受饭店欢迎的客人名单，主要包括下列人员（　　）。

A．公安机关的通缉犯　　B．当地饭店协会的通报名单

C．信用卡黑名单　　D．大堂副理的记录名单

E．财务部门通报的走单客人

9．为已预订散客办理入住手续的主要操作步骤是（　　）。

A．核对客人证件

B．请客人在预订登记表上填写相关内容并确认付款方式

C．把房卡和钥匙交给客人

D．分配房间并再次确认房价和离店日期

10．团队抵达前，应预先做好以下准备工作（　　）。

A．备好团队的钥匙

B．确保所有房间为 OK 房

C．提前分配好房间，并准备好早餐券等

D．根据要求通知客房部撤（或设置）酒水，关闭（或开启）长途电话

11．当团队抵店时，要表示欢迎，按照以下程序做好团队的接待工作（　　）。

A．与领队确认房间数，并把房间钥匙交给领队

B．与领队确认人数、早餐、叫醒时间、收行李的时间及离店的时间

C．检查有效证件，由领队安排房间

D．在计算机中将房间改为入住状态，并通知管家部该团队已抵店

12．办理入住登记的目的是（　　）。

A．获得客人的个人资料

B．是饭店取得客源市场的重要渠道

C．可以保障饭店及客人的生命和财产安全

D．抓获公安机关的通缉犯

13. 需要特别关照的客人，主要是（　　）。
A. 常住客　　B. 老人
C. 孕妇和小孩　　D. 生病或有残疾的人

14. 贵宾主要包括（　　）的知名人士等。
A. 政府方面　　B. 文化界
C. 饭店方面　　D. 大企业高级行政人员

15. 在核对房态报告和预抵店客人名单时，接待员应清楚地掌握（　　），并采取适当措施去补救。
A. 饭店是否有足够的房间去接待预抵客人
B. 饭店有多少 OK 房可以出租，以接待未订房而直接抵店的散客
C. 如何使房价更高
D. 有多少房间可能出现异常

三、判断正误并改错

1. 对于团体住客的账户建立，一般应设置两个账户。（　　）
2. 若客人没有预订房间直接抵店，接待员可以直接为客人办理入住手续。（　　）
3. 住客房就是已经出租，现正在被客人使用的客房。（　　）
4. 客人不愿意翔实登记有关信息，可拒绝其入住。（　　）
5. 客人抵店时需出示有效证件即可入住客房。（　　）
6. 在办理入住登记手续的过程中，要查看客人是否有留言、传真及计算机中注明的特殊要求及注意事项。（　　）
7. 前厅服务中为客人办理入住登记的全过程应限于 2 分钟内结束。（　　）
8. 散客入住手续办理完毕，可将房卡交给行李员带房，如不需行李员帮助，无须理会。（　　）
9. 多人入住时必须登记全部旅客的信息。（　　）
10. 在团队抵达前，应预先准备好团队的钥匙，并与客房部联系确保所有房间为 OK 房。（　　）
11. 在保证质量的前提下，前厅接待员应千方百计地为客人减少办理入住登记手续的时间。（　　）
12. 团队客人应在指定区域办理入住登记手续。（　　）
13. 对于有特殊要求的客人，前厅接待员在排房时也应和对待其他宾客一视同仁。（　　）
14. 有些客人在订房时，可能会要求饭店提供额外的设施或服务，接待人员必须事先通知相关部门做好准备，恭候客人的光临，并收取一定的费用。（　　）
15. 对于无行李或仅有少量行李的客房要密切关注，以防客人未结账就离店。（　　）

任务三　礼宾服务

一、单项选择题

1．“doorman”指的是（　　）。
A．门童　B．行李员　C．问讯员　D．接待员

2．开车门时，左手拉开车门成（　　）左右，右手挡在车门上，为客人护顶，防止客人碰到头部。
A．90°　B．85°　C．70°　D．45°

3．行李员引领客人至前台或接待处后，放下行李，站在前台边侧客人身后（　　）米处，等候客人办理入住手续。
A．1.5　B．2　C．2.5　D．3

4．服务员引领客人进房时，一般开门后应（　　）。
A．马上离开房间　B．直接带客人入房
C．自己先进房再请客人进房　D．侧让一旁，敬请客人入房

5．暂时存放在大厅或行李房内的行李应加盖网罩，挂好行李牌，并（　　）。
A．安排专人看管　B．由门童兼管
C．由行李员保管　D．加强巡查清点

6．对于暂时无人认领的遗留贵重物品，应（　　），并由专人保管，定期予以清点。
A．上交保安部　B．交到大堂副经理处
C．存入保险箱或专用库房　D．存入行李房

7．引领客人时，走在客人（　　）前方，距离（　　），步伐与客人保持一致，遇到客人多或拐弯时，应招呼引领。
A．左，1～2 步　B．右，1～2 步　C．右，2～3 步　D．左，2～3 步

8．“Concierge”一词是饭店前厅委托代办的专业词汇，最早源于（　　）。
A．英国　B．法国　C．美国　D．德国

二、多项选择题

1．礼宾部的职责范围包括（　　）。
A．迎送宾客　B．行李服务
C．递送邮件　D．委托代办事项

2．以下属于驻机场代表的素质要求的是（　　）。
A．较强的外语能力　　B．强烈的责任心
C．良好的人际交往能力　　D．较强的应变能力

3．行李员是饭店与客人之间联系的（　　），通过他们的工作使客人感受到饭店的热情和好客。
A．桥梁　　B．线路　　C．纽带　　D．基础

4．散客离店行李服务流程包括（　　）。
A．受理客人要求　　B．收取客人行李
C．陪同客人到大厅　　D．帮助宾客离店及填表

5．若遇雨天，门童要为客人提供（　　）。
A．撑雨伞服务　　B．出租雨伞服务
C．保管雨伞服务　　D．出售雨伞服务

6．饭店行李服务是由礼宾部行李员（　　）提供的。
A．Bellboy　　B．Bellman　　C．Bellhop　　D．Porter

7．下列关于行李错送的处理方式，恰当的是（　　）。
A．单独将暂时无人认领的行李拆开
B．先进行核对，确定行李是否错送
C．如果确实错送了行李，应向客人致歉
D．将多出的行李存入行李房

8．下列有关办理客人行李长期寄存的表述，恰当的是（　　）。
A．短期、长期寄存可以混放在一起
B．应当提醒客人有关本饭店行李寄存的规定
C．对行李保管地方应加强管理
D．按时对客人的行李进行查看

9．礼宾部下设（　　）等岗位。
A．机场代表　　B．迎宾员　　C．行李员　　D．委托代办

三、判断正误并改错

1．礼宾部员工是最先和最后送走客人，并向客人宣传饭店、推销饭店产品的服务群体。（　　）

2．礼宾部的服务对客人形成对饭店的第一印象和最后印象起着重要作用。（　　）

3．机场代表在机场、车站、码头等主要出入境口岸迎送客人。（　　）

4．机场代表是饭店整体对客服务的延伸和扩展，也是饭店对外宣传的手段。（　　）

5．饭店行李服务是由礼宾部行李员提供的。（　　）

6．当客人用电话通知礼宾部要求派人运送行李时，应有礼貌地问清房号、姓名、行李件数及搬运时间，并详细记录。（　　）

7．引领客人到达电梯口时，放下行李，按电梯按钮。当电梯门打开时，用一只手扶住电梯门，请客人先进，然后靠电梯边侧站立。（　　）

8．如客人乘车，应把车辆引领到适当的地方停车，以免门前交通阻塞。（　　）

9．行李员带客人到房间时，应按门铃，确认无人后，再请客人进入房间。（　　）

10．行李员应向每一位入住酒店的客人介绍房间内的主要设备和设施。（　　）

11．客人入店时，行李员应积极、主动、热情地为客人提拿任何物件。（　　）

12．客人下车后迅速卸行李，不必请客人清点行李件数和有无破损。（　　）

13．门童必须由高大、形象好、气质佳的青年男子担任。（　　）

任务四　总机服务

一、单项选择题

1．话务员转接电话而需要客人等候时，应（　　）。

A．播放歌曲

B．播放轻音乐

C．保持静音

D．每隔 5 秒钟说一声：“对不起，请稍等!”

2．接到客人要求取消“勿打扰电话”通知后，话务员应立即开通电话，并在交接记录本上注明（　　）。

A．取消符号　　B．取消时间

C．取消符号及时间　　D．取消符号和房号

3．对客人进行“人工叫醒”服务时，若客房内无人应答，应在（　　）分钟后再叫一次。

A．1　　B．3　　C．5　　D．7

4．话务员在遇到无法回答的问题时，应立即转交（　　）处理。

A．领队　　B．主管

C．领班、主管　　D．主管、部门经理

5．IDD 和 DDD 分别指（　　）。

A．国际长途直拨和国内长途直拨　　B．店内直拨和店外直拨

C．店内长途直拨和国际长途直拨　　D．市内直拨和长途直拨

6. 留言服务的基本要求是传递迅速和（　　）。
A. 准确　B. 细心　C. 礼貌　D. 认真

7. 定时钟鸣响，话务员接通客房分机，叫醒宾客，这属于（　　）叫醒。
A. 自动　B. 人工　C. 网络　D. 敲门

二、多项选择题

1. 总机业务范围包括（　　）。
A. 长途电话服务　B. 短途电话服务
C. 饭店内线电话服务　D. 叫醒，代客留言与问讯服务

2. 转接电话要做到（　　）。
A. 清晰地问候　B. 听清电话内容
C. 判断分机是否正确　D. 迅速、准确地转接

3. 接听电话时，话务员做法得当的是（　　）。
A. 铃声不超过 3 声
B. 通话完毕后便放下电话
C. 接通后表明自己身份并加以亲切问候
D. 耐心倾听

4. 当有访客寻找某位住店客人时，而客人外出不在，下列做法正确的是（　　）。
A. 不能告诉访客有关客人住宿的资料　B. 请访客留言
C. 将访客带到客人房间　D. 请访客在大堂等候

5. 按客房留言灯的步骤有（　　）。
A. 按留言灯键　B. 输入房间号码
C. 按执行键“#”　D. 再按一次留言灯键

三、判断正误并改错

1. 电话总机是饭店内外信息沟通联络的通信枢纽，其服务质量的好坏直接影响到客人对饭店的印象，也直接影响到饭店的整体运作。（　　）

2. 叫醒服务分为人工叫醒和自动叫醒。（　　）

3. 要叫醒服务时，根据客人要求做好叫醒服务记录，并核对记录；准时叫醒客人，若房内无人接听，可暂时不管。（　　）

4. 客人来电话找不到受话人时，话务员应主动向通话人建议是否需要留言。（　　）

5. 填写叫醒记录单时，内容包括房号、时间等，记录时大概记录一下不出错就行。

（　　）

6. 夜班话务员在下班时，应将叫醒记录按时间顺序记录在交接本上。　（　　）

任务五　客人投诉的处理

一、单项选择题

1. 处理客人投诉时，应保持（　　）的心态。
A. 冷静　B. 急躁　C. 激动　D. 冲动

2. 在受理客人投诉时，下列做法不正确的是（　　）。
A. 应理解客人的心情、同情客人的处境
B. 帮助客人解决问题
C. 代表酒店表示歉意
D. 请客人提供服务工号，否则无法受理投诉

3. 在受理客人投诉丢失行李时，下列做法欠妥的是（　　）。
A. 及时协助有关人员寻找客人行李　B. 了解情况，尊重事实
C. 满怀诚意帮助客人解决问题　D. 当面训斥行李员工作不负责

4. 在受理客人投诉所住客房卫生环境差时，下列做法欠妥的是（　　）。
A. 不推卸责任，积极想办法解决　B. 问清具体情况
C. 先做记录，等有空闲时再解决　D. 与客房部联系，及时予以解决

5. 处理客人投诉的程序中，最关键的环节是（　　）。
A. 表示同情和歉意　B. 做好记录
C. 为客人解决问题　D. 检查落实

6. 客人对饭店的投诉不包括（　　）。
A. 对设备的投诉　B. 对服务态度的投诉
C. 对服务质量的投诉　D. 对陪同人员的投诉

7.（　　）是处理宾客投诉过程中最关键的一个时间点。
A. 当日　B. 次日　C. 客人离店前　D. 客人需求时

8. 对于一些较复杂的客人投诉，未清楚事实真相前，员工应（　　）。
A. 立即做出表态　B. 对客人讲出处理方法
C. 不理会客人　D. 不予立即表态

二、多项选择题

1．以下属于处理客人投诉的基本原则的是（　　）。

A．真心诚意帮助客人　　B．绝不与客人争辩

C．维护酒店应有利益　　D．据理力争

2．在受理客人投诉某位服务员服务态度差时，下列做法正确的是（　　）。

A．记录要点，填写报告

B．对客人的投诉表示出欢迎态度

C．代表饭店表示歉意

D．请客人提供服务工号，否则无法受理投诉

3．下列对于处理客人投诉的基本原则的表述，正确的是（　　）。

A．充分了解宾客需求

B．不与客人争辩

C．诱导客人抱怨饭店某一部门

D．为了尽快安抚客人，可以在任何场所倾听客人投诉

4．处理客人投诉时，除了保持冷静的头脑，同情、关心客人外，还应该做到（　　）。

A．聆听　　B．记录存档

C．认真做好记录　　D．采取行动，解决问题

三、判断正误并改错

1．投诉是指宾客对饭店或设施表示不满而提出的批评、抱怨或控告。（　　）

2．由于宾客的多样性和差异性，不同宾客对同一服务的评价会有所不同。因此，投诉是可以避免的。（　　）

3．处理投诉时，只要保护客人的利益就可以了。（　　）

4．遇到情绪激动的宾客来投诉时，应选择公共场所接受投诉。（　　）

5．处理投诉时，既要保护客人的利益，同时也要注意保护饭店的正当利益，维护饭店的整体形象。（　　）

6．处理客人投诉时，请客人移步至不引人注目的一角或专门的独立空间。（　　）

7．处理投诉时，即使是自己无法解决的问题，也没有必要告知上级领导，应尽量自己解决。（　　）

单元三　客房楼层卫生清扫实训

一、单项选择题

1．（　　）是负责饭店所有客房的清洁和保养工作，供应和配置各种用品的部门。
A．客房部　B．前厅部　C．工程部　D．餐饮部

2．（　　）在饭店占大多数，一般用来安排旅游团队或会议客人。
A．单人间客房　B．标准间客房　C．套房　D．特殊客房

3．把两套相邻的客房连接成为（　　），以满足家庭、朋友等入住需求。
A．单人房　B．套房　C．连通房　D．特殊客房

4．床头柜的长度为（　　）厘米左右。
A．40　B．50　C．60　D．70

5．客房卫生间里有洗脸盆和云台，云台的大小一般无统一的规格，但其高度一般为（　　）厘米左右。
A．40　B．50　C．70　D．80

6．放置软座椅、茶几，提供客人休息、会客、观看电视等，此外，还可提供客人饮茶、吃水果及简便食品的是（　　）空间。
A．书写和梳妆　B．睡眠　C．起居　D．储存

7．客房服务员应掌握客房的各种状况，（　　）是表示客人已结账并已离开客房。
A．住客房　B．走客房　C．空房　D．已清扫房

8．客房的挂衣架共有（　　）个。
A．8　B．10　C．11　D．12

9．（　　）是指客人正在租用的房间。
A．VC　B．OCC　C．OOO　D．VC

10．客房服务员在清扫客房时，而且当（　　）时，可以成为正在清扫的标志。
A．客务工作车停在客房门外　B．客房门打开
C．铺床　D．清洁整理

11．客房用品配置的基本要求遵循以下四个原则：第一是广告推销作用，第二是客房设施设备配套性，第三是摆放的协调性，第四是（　　）。

A．加强饭店客房设备用品管理　　B．其装饰作用

C．体现客房的礼遇规格　　D．适合维护保养

12．所有客房都应该设有行李架或行李台，行李架的表面一般都有木条并按一定距离固定在面层，以（　　）。

A．方便客人作为座位来使用　　B．方便客人放下行李

C．作为单独的一件家具　　D．防止皮箱的金属饰钉损害行李架

13．茶水具要求消毒后每平方厘米的细菌总数不得超过（　　）个。

A．5　　B．6　　C．7　　D．8

14．客房内噪声允许值不得超过（　　）分贝。

A．40　　B．45　　C．50　　D．55

15．（　　）空间是客房的基本空间。

A．盥洗　　B．睡眠　　C．起居　　D．储存

16．脸盆、浴缸的洗涤要求每平方厘米细菌总数不得超过（　　）个。

A．500　　B．600　　C．700　　D．800

17．客房挂衣橱高度应为（　　）厘米，深度应不小于（　　）厘米，长度应不小于（　　）厘米。

A．180，65，115　　B．175，60，110

C．160，55，105　　D．170，50，100

18．解决因客人沐浴而使镜面蒙上水汽问题的方法是（　　）。

A．安装除水雾装置　　B．使用毛巾擦拭

C．不安置镜子　　D．安装出风口

19．行李架的高度为（　　）厘米，宽度为（　　）厘米。

A．55，50　　B．45，65　　C．40，60　　D．50，55

20．客房清洁卫生的生化标准，通常是由（　　）有关人员到饭店做定期或抽样测验或检验。

A．环境保护局　　B．质量技术监督局

C．卫生防疫站　　D．医院

二、多项选择题

1．客房部是饭店的主要业务部门，其主要任务是（　　）。
A．做好清洁卫生工作，为客人提供舒适的环境
B．做好客房接待服务，提供安全保障
C．加强饭店客房设备及用品管理，降低经营成本
D．做好协调配合，保证客房需要

2．套间分为（　　）。
A．标准套间　　B．豪华套间　　C．行政套间　　D．总统套间

3．下列选项中，属于储存空间的家具和设备有（　　）。
A．行李架　　B．壁橱　　C．写字台　　D．酒柜

4．卫生间的三大件为（　　）。
A．化妆镜　　B．浴缸　　C．坐便器　　D．洗脸盆

5．客房卫生质量标准包括（　　）。
A．视觉标准　　B．检测标准　　C．感官标准　　D．生化标准

6．工作车的准备内容有（　　）。
A．清洁工作车　　B．整齐有序摆放客用品
C．注意贵重物品的隐蔽性　　D．将布件袋挂牢

三、判断正误并改错

1．单人间是饭店数量不多的房间，近年颇受单身旅游者的青睐。（　　）
2．总统套房由四间以上的房间组成，设有男女主卧、会议室、卫生间、起居室等。（　　）
3．客房是客人在饭店逗留期间的主要生活场所。（　　）
4．客房的卫生间一般是面对面设置。（　　）
5．一般房间只装坐便器，但高级套房坐便器和蹲便器都装。（　　）
6．电视机架的高度一般为 45～47 厘米或 65～70 厘米。（　　）
7．储存空间，主要是指设在客房门进出小过道侧面的壁橱和与其紧靠的小酒柜。（　　）
8．一次性消耗品是供客人一次性使用消耗或用作馈赠客人而供应的用品。（　　）
9．客房夏天室内温度应控制为 22～24℃，冬天控制为 20～25℃。（　　）
10．客房服务员不需要具备设施设备维修保养的基本知识。（　　）
11．使用地毯的房间，就必须配备浴帘和地巾等物品，这是为了体现客房设施设备的配套性。（　　）

12．客房在生活功能上所必需的家具、设备、用品的布置，兼有装饰客房的作用。（　　）

13．浴帘杆固定在浴缸上方两头，与缸外沿垂直线对齐，不与缸上沿平行。（　　）

14．在墙面配一面大玻璃镜，大镜面里或大镜面侧装有放大镜，以供客人剃须或化妆使用。（　　）

15．床头柜的宽度，单人用的37～45厘米，双床间两人用的床头柜为60厘米。（　　）

16．电视机柜（架）是每个房间的必备用品，有木质、金属和金属与木料混合结构三种类型。（　　）

17．电视机台上配有可转动的50厘米或51厘米电视机的托盘，一般为圆形或方形，底托的重量越大，其稳定性就越强。（　　）

18．采用随门开启而亮的照明灯是节约用电、方便客人的一种举措，有的壁橱内还有鞋箱、私人保险箱等。（　　）

19．多次性消耗品是指可供多批客人使用，但不能让客人带走的客用品，如布件、烟灰缸、酒具等，又称客房备品。（　　）

20．空调——中央空调系统或房间空调器，可调节房内的温度和湿度，并有提供新鲜空气的出风口。（　　）

21．不同饭店的各类客房由于等级、规格、风格不同，房间用品在配置上可根据各自的经营方针及实际需要而增减，可以违背经营原则和降低客房规定的标准。（　　）

22．客房的服务设施设备和用品大多是可以移动和变更的，摆放的协调性是指各种设备和用品配备齐全后，应形成一个协调的整体，给客人以舒适感和方便感。（　　）

23．壁橱设在客房入口的小过道内侧，便于客人在离开饭店时检查壁橱内东西是否取完。（　　）

24．有的饭店还在行李架上设有软垫或靠背，当箱件收藏好后，便可以作为座位来使用。（　　）

25．房务工作车车身通常设计为仅一面开口，这样停在楼间走廊时，就不会有物品暴露在两边，外观较为整洁。（　　）

26．生化标准是客房清洁卫生质量基本层次的衡量标准。（　　）

27．床头柜下面放置叠放好的洗衣袋、大购物袋、小购物袋，袋的数量按床位计，每床两个，每个洗衣袋放上干、湿洗衣单各两份，有的饭店将袋子放置在梳妆台的抽屉里。（　　）

28．有的饭店还配备了不同类型的房务工作车，如女服务员工作车、棉织品车、男服务员工作车等。（　　）

任务一　空房卫生清扫

一、单项选择题

1．（　　）客房是指客人走后，经过彻底清洁整理，尚未出租的房间。

A．空　　B．走　　C．住　　D．外宿

2. 空房要求在（　　）分钟内清洁整理好，尽快交由总台出租。
A. 15　　B. 5　　C. 20　　D. 25

3. 客房卫生间每换一位住客都必须进行严格消毒，（　　）对地面喷洒杀虫剂一次。
A. 每季度　　B. 每月　　C. 每周　　D. 每天

4. 客房服务员要做好个人卫生，（　　）可起到“隔离层”的作用。
A. 口罩　　B. 工作服　　C. 手套　　D. 工作鞋

5. 饭店使用的消毒方式有很多，（　　）一般适用于杯具的消毒。
A. 生物消毒　　B. 物理消毒　　C. 浸泡消毒　　D. 日光消毒

6. 饭店在旺季时，在首先打扫完部门指示要打扫的房间后，应尽快打扫的房间是（　　）。
A. 空房　　B. 走客房
C. 贵宾房　　D. “请即打扫”房

7. 房间应在每星期进行（　　）次紫外线或其他化学消毒剂及灭菌和灭虫害的消毒。
A. 一　　B. 二　　C. 三　　D. 四

8. 客房服务员每（　　）都要对空房进行简单的清洁保养和环境维护。
A. 周　　B. 一天　　C. 两天　　D. 三天

9. 客房服务员每天下班应用（　　）对双手进行消毒，定期检查身体，防止疾病传染。
A. 肥皂　　B. 洗洁精　　C. 消毒剂　　D. 洗衣粉

二、多项选择题

1. 消毒的方法大致可以分为（　　）。
A. 浸泡消毒　　B. 生物消毒　　C. 物理消毒　　D. 化学消毒

2. 高温消毒可以分为（　　）。
A. 浸泡消毒　　B. 煮沸消毒　　C. 蒸汽消毒　　D. 化学消毒

3. 以下属于化学消毒剂溶液的是（　　）。
A. 氯亚明　　B. 漂白粉　　C. 高锰酸钾　　D. 硫酸

三、判断正误并改错

1．淡季时的客房清洁整理顺序为：部门指示要打扫房间—“请即打扫”房—走客房—贵宾房—普通住客房—其他住客房。（　　）

2．客房用过的杯具不需要每天撤换。（　　）

3．擦拭消毒法即用药物水溶液擦拭客房设备、家具。（　　）

4．连续几天为空房的房间不需要用吸尘器吸尘。（　　）

5．清洁空房时，卫生间面盆、浴缸需放水 1～2 分钟。（　　）

6．化学消毒是客房消毒的常用方法。（　　）

任务二　住客房卫生清扫

一、单项选择题

1．住客房的清洁整理（标准间），一般用时（　　）分钟。

A．15～20　　B．20～30　　C．30～40　　D．40～50

2．客房清扫中，擦洗卫生间和用抹布擦拭物品的尘灰时，应（　　）进行。

A．从上到下　　B．从里到外

C．环形清扫　　D．干湿抹布分开

3．客房清洁整理时应按照顺时针或逆时针环形清洁，目的是（　　）。

A．便于清洁整理　　B．提升客房舒适度

C．避免遗漏死角，节省体力　　D．遵守操作规范

4．例行的客房大扫除工作，一般应在（　　）进行。

A．客人不在房间时　　B．客人在房间时

C．客人休息时　　D．客人会客时

5．养成进房先敲门的习惯，用食指或中指敲门（　　）下。

A．一　　B．二　　C．三　　D．四

6．夜床服务的时间通常从（　　）开始。

A．18:00 以后　　B．19:00 以后　　C．20:00 以后　　D．21:00 以后

7．开床时应将被头向外折成（　　）。

A．30°　　B．40°　　C．45°　　D．50°

8．夜床服务时应将浴帘放入浴缸内，并拉出（　　）。

A．1/3　　B．1/2　　C．1/4　　D．1/5

9．擦拭台面、桌面、地毯吸尘和擦拭卫生间的地面时，应（　　）进行。

A．从上到下　　B．从里到外

C．环形清扫　　D．干湿抹布分开

10．双床房住一人时，夜床服务应开的一张床是（　　）。

A．靠近电视机　　B．靠近窗户　　C．靠近浴室　　D．靠近床头柜

二、多项选择题

1．夜床服务的内容包括（　　）。

A．做夜床　　B．房间整理　　C．卫生间整理　　D．送茶水

2．夜床服务的意义，以下表述正确的有（　　）。

A．做夜床以便客人休息　　B．酒店服务规定

C．整理环境，使客人感到舒适温馨　　D．表示对客人的欢迎和礼遇规格

3．客房服务员在清洁整理客人房间时，要执行职业道德的相关规定，以下表达正确的选项是（　　）。

A．不得接听住客房内的电话　　B．不得乱动客人的东西

C．不主动与客人闲谈　　D．不得在客房内休息

4．夜间整理结束除（　　）外，关掉所有的灯并关上房门。

A．床头灯　　B．夜灯　　C．台灯　　D．走廊灯

三、判断正误并改错

1．住客房的清洁整理应在客人方便的时间进行。（　　）

2．"请勿打扰"房，如果到下午两点仍未见客人离开房间，里面也无声音，不可打电话询问。（　　）

3．敲门通报时应站在距离房门约 1 米远的地方，并等候客人反应约 3 秒钟。（　　）

4．服务员房内作业时必须将房门打开，若客人中途回房，应礼貌查验核实客人身份。（　　）

5．客房的小整服务，饭店一般规定用时约 5 分钟。（　　）

6．在客房小整时不用清点耗用酒水。（　　）

7．在具体的夜床服务中，应了解客人风俗习惯后加以调整和增减。（　　）

任务三　走客房的卫生清扫

一、单项选择题

1．走客房的整理，饭店一般规定用时（　　）分钟。
A．10～20　　B．20～30　　C．30～40　　D．40～50

2．饭店将正在或已经结账离店，尚未清洁整理的客房称为（　　）。
A．住客房　　B．走客房　　C．“请即打扫”房　　D．空房

二、多项选择题

1．接到客人办理结账手续的通知后，客房服务员应迅速检查（　　）。
A．有无客人遗留物品　　B．设施设备是否完好
C．有无物品丢失　　D．房内饮品消费是否入账

2．走客房的清洁整理包括（　　）。
A．查房　　B．清洁卫生间　　C．清洁整理卧室　　D．客房吸尘

三、判断正误并改错

1．清洁整理走客房时的顺序是先卫生间后卧室。（　　）
2．清洁整理住客房时的顺序是先卧室后卫生间。（　　）

单元四　公共区域服务

一、单项选择题

1. 饭店公共区域清洁保养工作具有（　　）的特点。
A. 众人瞩目，影响较小　　B. 任务单一，情况多变
C. 专业性较低　　D. 技术含量较高

2. 大厅茶几上，客人正在使用的烟灰缸里不得超过（　　）个烟头。
A. 1　　B. 2　　C. 3　　D. 4

3. （　　）是饭店人流过往频繁的地方。
A. 客房　　B. 餐厅　　C. 公共区域　　D. 前厅

4. 在饭店的清洁保养工作中，清洁保养工作技术含量较高的是（　　）。
A. 客房　　B. 餐厅　　C. 公共区域　　D. 前厅

二、多项选择题

1. 饭店公共区域清洁保养工作的主要特点是（　　）。
A. 众人瞩目，要求高，影响大　　B. 范围广大，情况多变，任务繁杂
C. 专业性较强，技术含量高　　D. 是整个饭店的最重要部门

2. 饭店公共区域是指饭店公共所有、共享的区域和场所，也是（　　）。
A. 人流过往频繁的地方　　B. 饭店的门面
C. 饭店专业性，技术含量较强的部门　　D. 饭店的最重要部门

三、判断正误并改错

1. 根据饭店公共区域的功能和使用者的类别区分前台部分、后台部分、室外部分、室内部分。（　　）

2. 饭店公共区域根据其所处的位置可分为客用部分和服务员使用部分。（　　）

任务一　地毯保养

一、单项选择题

1. （　　）地毯具有装饰性强、保温性、不产生静电的特点。
A. 羊毛　　B. 聚酯纤维　　C. 聚酰胺纤维　　D. 聚丙烯纤维

2．（　　）地毯具有抗皱性、保形性、耐热性、绝缘性、耐碱性、耐磨性的特点。
A．聚酯纤维　　B．聚酰胺纤维　　C．聚丙烯腈纤维　　D．聚丙烯纤维

3．（　　）地毯具有强度高、复原性、耐磨性的特点。
A．聚酯纤维　　B．聚酰胺纤维　　C．聚丙烯腈纤维　　D．聚丙烯纤维

4．关于地毯的种类及其特性，下列说法正确的是（　　）。
A．聚酰胺纤维又称尼龙、锦纶，这种纤维以吸水的优点而著称
B．聚丙烯纤维是目前所有化纤中密度最小的一种，弹性好
C．聚丙烯腈纤维手感和外观都很像羊毛，故有“合成羊毛”之称
D．聚丙烯纤维是以纤维强度高、抗皱性、保形性好而著称

5．地毯除渍剂属于哪类清洁剂（　　）。
A．酸性清洁剂　　B．碱性清洁剂　　C．上光剂　　D．溶剂类

6．（　　）操作比较笨重，洗后地面湿度大，对地毯损坏较大。
A．干泡擦洗法　　B．喷汽抽吸法　　C．湿旋法　　D．干粉法

7．（　　）洗涤力较强，去污效果好，适用于清洁较脏的地毯。
A．干泡擦洗法　　B．喷汽抽吸法　　C．湿旋法　　D．干粉法

8．（　　）洗地毯的方法比较简便，对不脏的地毯和纯羊毛地毯清洗效果颇佳。
A．干泡擦洗法　　B．喷汽抽吸法　　C．湿旋法　　D．干粉法

9．地毯的清洁方法中（　　）是饭店比较常用的清洁地毯的方法。
A．干泡擦洗法　　B．喷汽抽吸法　　C．湿旋法　　D．干粉法

10．客房服务员应了解地毯的种类及特性，（　　）是目前所有化纤中密度最小的一种，它强度高，复原性好。
A．羊毛地毯　　B．聚酯纤维地毯
C．聚丙烯纤维地毯　　D．聚丙烯腈纤维地毯

11．饭店要在出入口铺设长毯或擦鞋垫，用以减少或清除客人鞋底的污物，从而减轻对地毯的污染的措施是（　　）。
A．喷洒防污剂　　B．阻隔污染源　　C．喷汽抽吸法　　D．加强服务

12．下列吸尘器中，（　　）在清洁大面积地毯时，是客房服务员的最佳选择。
A．吸力式吸尘器　　B．混合式吸尘器
C．直立式吸尘器　　D．背式吸尘器

13.（ ）只适合清理不太脏的地毯，同时也可用于清理“矮脚”家具底下或其他浅窄的地方。

A. 吸力式吸尘器　　B. 直立式吸尘器
C. 吸水式吸尘器　　D. 混合式吸尘器

14.（ ）是清洁保养地毯最基本、最方便的方法。

A. 吸尘　　B. 打扫
C. 清洗　　D. 暴晒

15.（ ）既可吸取地毯上的尘土，也可用于清理地毯里的尘土。

A. 吸力式吸尘器　　B. 直立式吸尘器
C. 筒式吸尘器　　D. 滚擦式吸尘器

16. 聚酯纤维地毯的缺点是（ ）。

A. 易起毛球　　B. 价格昂贵　　C. 易被虫蛀　　D. 易缩水

17. 饭店常用的清洗地毯的方法，弊端最大的是（ ）。

A. 湿旋法　　B. 干泡擦洗法　　C. 喷吸法　　D. 干粉除污法

18. 使用（ ）基本不损伤地毯，但仅适用于微污染的地毯。

A. 湿旋法　　B. 干泡擦洗法　　C. 喷吸法　　D. 干粉除污法

19. 使用（ ）清洁后，地毯湿度较大，干燥时间较长。

A. 湿旋法　　B. 干泡擦洗法　　C. 喷吸法　　D. 干粉除污法

20. 地毯干泡擦洗操作清洁时，操作机械应在地毯上来回洗刷（ ）次为宜。

A. 1　　B. 2　　C. 3～4　　D. 5～6

21.（ ）具有耐磨度高，不蛀不霉，遇火熔化，但不燃烧，耐碱不耐酸等优点。

A. 羊毛地毯　　B. 聚酯纤维地毯
C. 聚酰胺纤维地毯　　D. 聚丙烯纤维（丙纶）地毯

二、多项选择题

1. 下列地毯中具有耐磨性特点的有（ ）。

A. 聚酯纤维地毯　　B. 聚酰胺纤维地毯
C. 聚丙烯腈纤维地毯　　D. 聚丙烯纤维地毯

2. 地毯是现代饭店客房、餐厅、会议室等场所使用最多的一种地面织物类铺设材料，编制地毯的纤维主要有（　　）。

A．聚酯纤维　　B．聚酰胺纤维　　C．聚丙烯腈纤维　　D．聚丙烯纤维

3．下列做法属于地毯防污防脏措施的有（　　）。

A．喷洒防污剂　　B．阻隔污染源　　C．喷汽抽吸法　　D．加强服务

三、判断正误并改错

1．地毯因其具有美观、安全、舒适、保温、吸音等优点，而被饭店广泛用于客房、餐厅、酒吧、会议室、舞厅等重要场所。（　　）

2．聚丙烯纤维是目前所有化纤中密度最大的一种。（　　）

3．加强服务是服务员应为客人提供专门的用具用品，并给予适当的帮助，从而避免客人将瓜果壳及汁液弄到地毯上。（　　）

4．控制擦地机的走向，应该由右至左，保持每分钟40米的速度为宜。（　　）

5．长绒地毯应用筒式吸尘器和滚擦式吸尘器交替吸尘。（　　）

6．地毯要经常清扫，应及时将地毯表面的灰尘、毛发、沙砾等扫除，以保持地毯的清洁。（　　）

7．对断层结构的地毯吸尘时，应注意顺着同一方向吸。（　　）

8．用湿旋机清洗地毯时，先要移开家具设备，用手工清洗局部严重污染和边角部位。（　　）

9．地毯的局部小块斑迹必须及时清除干净，以免日久形成顽迹而难以清除。（　　）

10．清洁地毯时要有齐全适用的设备、工具，清洁剂要合理配制，同时应该使用高温水，有利于消毒。（　　）

任务二　地面的抛光和打蜡

一、单项选择题

1．抛光打蜡涂层很差的原因可能是（　　）。

A．上光剂太多　　B．上光剂是从另一处移过来的

C．上光剂太少　　D．地面受过污染

2．抛光打蜡时涂层呈粉状的原因可能是（　　）。

A．地面受过污染　　B．上光剂质量太差

C．上光剂太少　　D．上光剂太多

3．对大理石地面进行抛光时，错用清洁剂会导致（　　）。

A．全部涂层很差　　B．地面过滑

C．涂层呈粉状　　D．耐久性差

4. 客房服务员应掌握对大理石地面的抛光和打蜡的方法，如果地面未在打蜡抛光前清洁干净会导致（　　）。

A. 全部涂层很差　　B. 地面过滑
C. 涂层呈粉状　　D. 耐久性差

5. 抛光时，推进速度不能太快，应保持（　　）。

A. 20 米/分　　B. 30 米/分　　C. 40 米/分　　D. 50 米/分

6. 地面打蜡，抛光物品准备不包含（　　）。

A. 蜡水　　B. 干毛巾　　C. 洗地机　　D. 酸性水

7. 地面打蜡，抛光的要求不包含（　　）。

A. 提醒客人注意安全
B. 放置提示牌并拉线
C. 洗地完毕后，用干毛巾将地面特别是边角位的水渍抹干净
D. 不拉线

二、多项选择题

1. 对大理石地面进行清洁保养应注意的是（　　）。

A. 避免使用酸性清洁剂　　B. 碱性清洁剂也需选择使用
C. 不能使用肥皂水　　D. 不要将清洁剂泼洒在地面上

2. 抛光打蜡涂层很差的原因可能有（　　）。

A. 上光剂太多　　B. 上光剂质量太差
C. 上光剂太少　　D. 碱性清洁剂清洁不彻底

3. 对大理石地面进行打蜡抛光会导致地面过滑的原因可能是（　　）。

A. 上光剂太多　　B. 上光剂质量太差
C. 上光剂太少　　D. 地面打蜡抛光前未清洁干净

4. 对大理石地面进行打蜡抛光时会导致涂层呈粉状的原因可能是（　　）。

A. 地面下有热度　　B. 上光剂质量太差
C. 封蜡时湿度过高或过低　　D. 地面受过污染

5. 对大理石地面进行打蜡抛光时会导致耐久性差的原因可能是（　　）。

A. 错用清洁剂　　B. 上光剂涂在受过污染地面上
C. 上光剂太少　　D. 清洁时碱性不够

三、判断正误并改错

1．起底蜡是以一份起蜡水与四份 30℃～40℃热水混合，并涂于地面。（　　）

2．抛光时，上下行距互叠 10 厘米，来回 2 次，以免漏抛。（　　）

3．在地面抛光、打蜡时造成地面过滑的原因是地面清洁过度和上光剂太多。（　　）

任务三　铜器保养

一、单项选择题

1．（　　）制品的特点是怕碱、怕酸，易产生划痕。因此，清洁时不能使用含磨砂成分的清洁剂。

A．铝　　B．铜　　C．锡　　D．不锈钢

2．（　　）制品多用于客房装饰或餐厅厨具装饰，以其特有的金属光泽和华贵气质而广泛使用。

A．铝　　B．铜　　C．锡　　D．不锈钢

3．（　　）制品的特点是怕碱、怕酸、怕潮湿。因此，清洁时可用稀释过的中性清洁剂进行擦洗。

A．铝　　B．铜　　C．锡　　D．不锈钢

4．（　　）制品在使用中要注意避开直接的热或明火，避免与强酸、强碱直接接触而造成腐蚀。

A．铝　　B．铜　　C．不锈钢　　D．塑料

5．（　　）制品的特点是易产生划痕。因此，保养时不能使用含磨砂成分的擦亮剂。

A．铝　　B．铜　　C．金银　　D．不锈钢

6．铜器封漆时要求封漆层距互叠（　　）毫米，以免漏封，影响质量。

A．1～2　　B．2～3　　C．3～4　　D．1

7．纯银制品应置于环境较为（　　）的地方。

A．干净　　B．潮湿　　C．明亮　　D．干燥

8．用等量的（　　）和水溶液擦拭玻璃表面很有效。

A．盐　　B．油　　C．茶　　D．醋

9．下列物品中不属于热塑塑料制成的是（　　）。

A．刷子　　B．恭桶坐板　　C．灯具　　D．毯垫

10．对于磨砂玻璃或花纹玻璃上的油污，可用（　　）擦拭即可。

A．盐　　B．洗洁精　　C．牙膏　　D．洗衣粉

11．（　　）是用来清洁玻璃制品的一种既省钱又高效的清洁物品。

A．卫生纸　　B．棉布　　C．报纸　　D．钢丝球

12．铜器清洁哪个步骤是错的（　　）。

A．倒少许擦铜水在干毛巾上

B．将铜水均匀涂在铜器上

C．轻轻擦去铜器上的污迹

D．待铜水干后，用干净毛巾抹干净铜器上的铜水，直至铜器光亮

13．锡主要被用作（　　）和餐厅用具。

A．装饰物　　B．客房　　C．洗手间　　D．客厅

14．铜制品的特点是（　　）。

A．耐久　　B．结实　　C．易氧化　　D．易产生刮痕

15．在饭店中常用的金属不包括（　　）。

A．铝　　B．铜　　C．锡　　D．铁

16．锡制品一旦沾上（　　）便很难清除。

A．果渍　　B．泥渍　　C．油污　　D．水渍

17．（　　）使用器具的大多为镀金制品和纯银制品。

A．装饰　　B．餐厅　　C．客厅　　D．客房

二、多项选择题

1．玻璃制品的清洁保养可用（　　），对清除玻璃表面的污垢很有效，并且不会在玻璃表面留下纤维物质，是一种省钱又高效的清洁物品。

A．不起毛的布　　B．报纸　　C．醋溶液　　D．醋

2．塑料制品在使用中应注意（　　）。

A．避开明火和热管　　B．避开粗糙物的摩擦

C．避开弱酸、弱碱的接触　　D．避开在其上进行切削

三、判断正误并改错

1．铝制品的清洁保养清洁时不能使用含磨砂成分的清洁剂或器械。　　（　　）

2. 铜制品的清洁保养用醋、面粉进行调和来擦拭铜制品，但这种方法只适合于镀铜制品。（　　）

3. 锡制品的清洁保养清洗前可先用酒精擦除污渍，再在中温的合成洗涤溶液中洗涤，洗干净后用抛光剂进行抛光。（　　）

4. 塑料制品的清洁保养若无专门的塑料清洁剂，可采用中温合成洗涤剂溶液擦拭，再用清水漂干净即可。（　　）

5. 冰箱内壳，清洗可用 10 毫升的碳酸钠加入 800 毫升水稀释后擦拭。（　　）

6. 对于磨砂玻璃或花纹玻璃，清洁保养的方法只能是用柔软的干抹布擦拭，若有油污等可用牙膏擦拭即可。（　　）

7. 餐具既可以使用热因塑料也可以使用热塑塑料。（　　）

8. 大多数的塑料物品具有易受损伤、易褪色和在某种情况下不会融化和开裂的特点。所以，较之金属制品要麻烦一些。（　　）

9. 不锈钢制品清洁时可用稀释过的碱性清洁剂进行擦洗，清水洗净后必须立即用柔软的干布擦拭干净。（　　）

10. 不锈钢以其特有的强度而被大量使用在家具和厨具中，遇酸碱均不会受损，但是怕潮湿。（　　）

任务四　清洁公共洗手间

一、单项选择题

1. 客房服务员应正确掌握选择清洁剂的要素，（　　）是清洁剂最重要的指标。

A. 去污力　　B. pH 值　　C. 泡沫　　D. 黏度

2. 购买清洁剂时，（　　）也是清洁剂最重要的指标，是判断其质量优劣的标志。

A. 包装　　B. pH 值　　C. 泡沫　　D. 黏度

3. 下列哪种清洁剂属于碱性清洁剂（　　）。

A. 高泡洗地毯剂　　B. 马桶清洁剂

C. 起蜡水　　D. 滴露消毒液

4. 服务员清洁客用卫生间前应该（　　）。

A. 门半虚掩　　B. 摆放告示牌

C. 检查设施　　D. 以上答案均正确

5. 一般的清洁剂在完成其特定的功能后，应能被完全冲离基质表面，好的产品应有较好的（　　）。

A. 漂洗性　　B. 包装　　C. 感官　　D. 黏度

6. 碱性清洁剂的 pH 值应（　　）。

A. 大于 5　　B. 大于 6　　C. 大于 7　　D. 大于 8

7. 清洁卫生间的顺序是（　　）。
A. 马桶—垃圾桶—面盆—水龙头—台面—镜面
B. 垃圾桶—面盆—水龙头—台面—镜面—马桶
C. 马桶—垃圾桶—面盆—水龙头—镜面一台面
D. 垃圾桶—面盆—水龙头—镜面—台面—马桶

8. 去污力与（　　）无关。
A. 清洁剂助剂及整体配方　　B. 活性剂的种类
C. 活性剂的含量　　D. 清洁物表面

9. 坐厕水箱清洁步骤错误的是（　　）。
A. 关闭进水箱的阀门，按下水擎，放走水箱内的水
B. 将少量的酸性清洁剂倒入水箱内
C. 用手刷将水箱内壁四周洗刷干净
D. 关闭进水阀门，用清水将箱内污水冲洗干净

10. 洗擦完后，用（　　）勺水冲洗干净马桶、垃圾桶、地面。
A. 1　　B. 2　　C. 3　　D. 4

11. 每次上班后对洗手间内设备设施全面检查（　　）次。
A. 1　　B. 2　　C. 3　　D. 4

12. 液态清洁剂对成品的（　　）有一定要求。
A. 黏度　　B. pH 高值　　C. 漂白性　　D. 泡沫性

二、多项选择题

1. 清洁剂的作用包括（　　）。
A. 提高清洁效率
B. 消除或降低污垢的附着力
C. 防止物体因受热、受潮、受化学污染或摩擦而受到损伤
D. 美化外观

2. 清洁客用洗手间主要操作内容包含（　　）。
A. 马桶小洗　　B. 日常清洁　　C. 马桶大洗　　D. 毛巾消毒

3. 服务员清洁客用卫生间时应该准备好（　　）。
A. 清洁剂　　B. 毛巾　　C. 清新剂　　D. 卷纸

4．清洁客用卫生间时应注意（　　）。

A．清洁卫生间的设备设施要按一定的顺序擦拭

B．对卫生间设施要全面检查一遍

C．要拖净卫生间的地面，不能有水渍

D．马桶要消毒后用清水冲干净

5．选择清洁剂的要素有（　　）。

A．去污力　B．pH 值　C．泡沫　D．漂洗性

E．黏度　F．污染　G．感观　H．包装

三、判断正误并改错

1．重垢在 pH 高值下才能生效；而轻垢也适合在 pH 高值下使用。（　　）

2．选择清洁剂要求其泡沫包括起泡力好和泡沫较长时间不消泡。（　　）

单元五 楼层对客服务实训

一、单项选择题

1．饭店客房服务质量的优劣最终取决于（　　）。
A．管理人员的管理水平　　B．客人的感受和客人的评定
C．服务项目的多寡　　D．饭店的设备设施

2．酒店要求女员工在岗期间不可浓妆艳抹，要化淡妆，这是酒店对员工的（　　）。
A．仪态要求　　B．服饰要求　　C．仪表要求　　D．仪容要求

3．在接待服务过程中同客人见面时表示尊重、问候、关心的一种礼仪形式是（　　）。
A．问候　　B．称呼　　C．操作　　D．应答

4．在服务过程中，服务人员表示请客人稍等一下，马上就来，属于（　　）礼节。
A．称呼　　B．迎送　　C．应答　　D．问候

5．客房服务员在对客房服务中要讲求语言规范，下列选项中表达不正确的是（　　）。
A．与客人谈话时要准确、简洁、清楚、明白
B．当客人提出的问题服务员不知道该如何回答时，可以直接说，“对不起，我不知道”
C．不要与同事在客人面前说家乡话
D．与客人谈话时目光应该注视对方，表情自然，保持微笑

6．客房服务员在工作中不规范的举止是（　　）。
A．客人赠送的礼物，为了不显失礼，可以接受自己使用
B．在客人面前任何时候都不可有剔牙、伸懒腰、吹口哨等不礼貌的举止
C．在客人面前不得经常看手表
D．在工作间、客房或走廊时，都应该做到走路轻、说话轻和动作轻

7．（　　）是同客人讲话时不正确的做法。
A．距离保持 1 米　　B．音量低于客人
C．语调亲切　　D．表情严肃

8．服务员良好的着装和精神面貌，会使客人对服务员产生（　　）。
A．信任感　　B．依赖感　　C．信心　　D．自豪感

9．客房部服务员必备的素质中不包括（　　）。
A．品行端正，具有良好的职业道德
B．工作态度好，踏实认真，能吃苦耐劳
C．具备较强的卫生意识和服务意识
D．得体的衣着和匀称的身材

10．在工作间、客房或走廊时，应注意“三轻”，其中不包括（　　）。
A．说话轻　B．走路轻　C．动作轻　D．眼神轻

11．工作或谈话时，看见客人走上前来，下列做法不正确的是（　　）。
A．应马上停止工作或谈话　B．应主动问好
C．应询问客人是否需要帮助　D．继续工作或谈话

12．从对客服务的角度看，客房服务中心最突出的优点是（　　）。
A．等于客房销售
B．安全、方便
C．减少对客人的干扰
D．给客人营造一个自由、宽松的入住环境

13．在客房服务过程中，要求服务员具备（　　）能力。
A．良好的语言表达　B．较强的应变
C．较强的思维　D．较强的动手

14．服务人员想宾客所想，把服务工作做在宾客之前，这是良好服务态度要求中的（　　）。
A．周到　B．热情　C．耐心　D．礼貌

15．常用服务用语要素包括：表谦表敬的谦词敬语，庄重典雅的措辞，亲切柔和的语调及温和委婉的（　　）等。
A．服务　B．语气　C．面容　D．手势

16．客房女服务员得穿（　　）。
A．拖鞋　B．高跟鞋　C．凉鞋　D．布鞋

17．影响对客服务质量的诸多因素中，（　　）是首要因素。
A．人的因素　B．利益和福利待遇
C．对客服务标准　D．员工教育

18．女服务员在工作时，可使用（　　）。
A．指甲油　B．耳环

C. 手链　　　　D. 气味淡雅的香水

二、多项选择题

1. （　　）属于礼貌用语。
A. “对不起，请稍后”　　　　B. “这是我乐意做的”
C. “再说一遍”　　　　D. “先生，早上好”

2. 在客人面前，任何时候都不得有（　　）的行为。
A. 打喷嚏　　B. 伸懒腰　　C. 修指甲　　D. 哼歌曲

3. 人体语言包括（　　）。
A. 表情语言　　B. 动作语言　　C. 手势语言　　D. 物饰语言

4. 下列正确的握手要求是（　　）。
A. 握手者上身下弯15°，头微低，目视对方，面带微笑
B. 与初次见面的异性握手时，时间要长些方显真诚
C. 握手时用力要适度，用力过大会显得粗鲁，用力过轻会显得冷淡
D. 年轻人、下级要先向年长者、位高者伸手表示自己的尊敬
E. 一般男士只轻握一下女士的手指部

三、判断正误并改错

1. 客人之间正在交谈的时候，如果服务员有急事要找客人，可以直接打断客人进行沟通。（　　）

2. 正在为客人服务时，其他客人提出服务需求，服务员要用点头、眼神、手势等应答，并及时上前照应，或轻声告知：“对不起，请稍等”。（　　）

3. 酒店员工与客人交谈时，相距1～1.5米，应目视对方脸、眼、鼻三角区，倾听要专心，并要有回应，以示尊重与诚意。（　　）

4. 服务人员在与客人交流的过程中，无论是问话还是应答，都必须做到反复询问，详细回答。（　　）

5. 为了表示友好，握手时应该用力重一些，时间长一些。（　　）

6. 回答客人问题要实事求是，不知道就是不知道，要诚实地告诉客人。（　　）

7. 为客人指示方向时，要将手臂自然前伸，手指并拢，掌心向上。（　　）

8. 服务员站立时应身体直立，挺胸收腹，双手放在腹前交叉。（　　）

9. 客房对客服务模式一般可分为楼层服务台和客房服务中心两种模式。（　　）

10. 在人的表情语言中，最具影响力的表达方式是微笑。（　　）

11. 客房服务员不一定非得会外语，只要外国客人能看懂我们的手势就行。（　　）

12. 客房服务员在走廊或过道上迎面遇到宾客时，要主动站到一旁，为宾客让道。（　　）

13. 饭店生产和销售的产品包括有形的实物产品和无形的服务产品，后者强调的就是对客服务工作。（ ）

14. 客房服务员头发要常洗，保持头发清洁整齐，不得有头屑，但是上班不能涂头油。（ ）

15. 对客服务工作主要是指服务人员面对面地为客人提供各种服务，满足客人提出的任何要求，是构成客房产品的重要因素。（ ）

16. 平等待客，不得歧视客人，无论是外国人还是国内客人，是白人还是黑人，都要一视同仁，不得有任何歧视。（ ）

17. 标准规范的服务行为是服务规范的基础。（ ）

任务一 迎送客人服务

一、单项选择题

1. 服务员引领客人进房时，一般开门后应（ ）。
   A. 马上离开房间　　B. 直接带客人入房
   C. 自己先进房，再请客人进房　　D. 侧让一旁，敬请客人入房

2. 发放客用钥匙卡时，不恰当的做法是（ ）。
   A. 凭客人的饭店欢迎卡发放钥匙
   B. 统一由总台接待员制作
   C. 不再给丢失饭店欢迎卡的客人发放钥匙
   D. 对于首次入住的客人应主动介绍使用方法

3. 当客人声称未带房卡时，下列做法欠妥的是（ ）。
   A. 问清客人姓名　　B. 认真核实其身份
   C. 问清客人房号　　D. 让客人写领取钥匙的字据

4. 客人走后迅速检查房间设备有无损坏，物品有无丢失，客人有无使用小酒吧内的酒水，有无客人遗留物品，并在（ ）分钟内报告前台收银处。
   A. 5　　B. 4　　C. 3　　D. 2

二、多项选择题

1. 客房服务强调迎客服务工作在接到前厅部的入住通知后，应做到（ ）。
   A. 知道客人抵离店时间　　B. 了解客人生活特点
   C. 知道客人的要求和收费办法　　D. 知道客人的活动日程安排

2. 客人到店后的应接工作有（ ）。
   A. 热情迎宾　　B. 引领客人入房

C．介绍房间设施　　　　C．端茶送水

3．客人住店期间的服务有（　　）。
A．送水服务　B．会客服务　C．擦鞋服务　D．饮料服务

4．在为持有房卡的客人提供开门服务时，需要核对的信息是（　　）。
A．住房人数　　　　B．房号
C．有无住客姓名　　　　D．房卡上日期时间

5．代客开门主要操作内容及标准包含（　　）。
A．服务员为没有带钥匙的客人开门，先礼貌地请客人出示欢迎卡
B．如客人没有房卡，就不用继续搭理
C．如客人已持有房卡时，应核对房号，核对卡上的日期时间，有无住客姓名
D．服务员在工作表上记录开门的情况

三、判断正误并改错

1．带领客人到达房门口时，客房服务员应先进房把行李放好，再请客人进客房。（　　）
2．客人到店的应接工作是接待服务过程的第一个环节。（　　）
3．服务工作中，送客和迎客一样重要。（　　）
4．代客开门时如果客人持有房卡且核对房号正确的话，可以直接要求前台为客人开门。（　　）

任务二　客人遗留物品的处理

一、单项选择题

1．客人丢失物品后，客房服务员首先应（　　）。
A．提醒客人回忆　　　　B．安慰客人，使客人情绪稳定
C．详细填单　　　　D．协助客人查找

2．客人前来认领遗留物品时，客房服务员首先应（　　）。
A．致电客房服务中心　　　　B．将物品交给客人
C．需验明客人证件　　　　D．详细填单

3．按国际惯例，客人遗留物品保存期为（　　），特别贵重的物品可延长（　　）。
A．两年/一年　B．两年/半年　C．一年/一年　D．一年/半年

4．服务人员在房间里或公共区域拾到客人遗留物品应该交（　　），并做好失物招领

记录。

A．总经办　　B．客房部　　C．保安部　　D．财务部

二、多项选择题

1．（　　）等物品一般属于客人遗落物品。

A．记有电话号码的纸张　　B．证件

C．钞票　　D．衣服

2．发生住客离店时行李遗失的情况，下列处理正确的是（　　）。

A．问清相关情况　　B．联系客房部协助

C．弄清是哪个服务环节出现问题　　D．找到后不管多远都让客人自己拿回

3．客人遗留物品的主要操作内容及标准正确的是（　　）。

A．不及时查房：客人退房时，服务员没有及时查房

B．详细填单：发现遗留物品后应填写在工作单上，详细记录拾到物品的时间、地点、物品名称、客房号码、客人姓名、拾获人姓名

C．当天上交：下班前将遗留物品交到客房服务中心或客房办公室，当天必须上交，不允许延迟；若是贵重物品或证件，发现后立即致电客房服务中心，想办法尽快找到失主

D．妥善保管：客房服务中心或客房办公室应填写遗留物品登记单，将遗留物品装袋封口，在袋上注明日期、物品名称、编号等，妥善存放，以免丢失；服装类遗留物品应先送洗衣房洗净后存放

三、判断正误并改错

1．对于遗留物品，如客人不来认领或来信寻访，酒店一般不通知物主或邮寄给他。（　　）

2．接到客人遗失物品通知后，我们应该竭尽所能协助客人。（　　）

3. 失主来认领遗失物品时，应验明证件，核实后请其在遗留物品登记单上签名。（　　）

4．无论何种情况，丢失的物品饭店都要赔偿。（　　）

5．客人遗失物品在找到后应及时归还；找不到应向客人说明情况，并表示同情。（　　）

任务三　会客服务

一、单项选择题

1．客人住店期间会有访客前来看望住客，访客应在（　　）离开。

A．饭店规定时间　　B．晚上 12:00 以前

C．第二天　　D．任意时间

2. 客房服务员带领访客进入客人房间时必须（　　）。
A. 查验访客证件　　B. 征得住客同意
C. 报告主管　　D. 亲自带领

3. 会客服务的准备工作要在来访前约（　　）做好所有准备。
A. 2 个小时　　B. 1 个小时　　C. 30 分钟　　D. 10 分钟

4. 会谈服务中，为客人上茶，茶杯把要（　　）。
A. 一律朝外　　B. 朝向服务员易操作的位置
C. 朝向客人右手一侧　　D. 朝向客人左手一侧

5. 客房送热毛巾时，毛巾温度约为（　　）。
A. 40℃　　B. 50℃　　C. 60℃　　D. 70℃

6. 客房服务员给客人泡茶时，水量应为（　　）。
A. 五成　　B. 六成　　C. 七成　　D. 八成

二、多项选择题

1. 下列说法正确的是（　　）。
A. 对于已退房的客人一般不可将客人的去向和地址告诉给第三者
B. 当有访客询问某位客人是否住店时应谢绝回答
C. 问讯员不得将客人房号透露给第三者
D. 若有访客要求见保密的客人时，问讯员应以该客人没有入住或暂时没有入住为由拒绝

2. 客人需要会客时，客房服务员在会客前的准备工作有哪些（　　）。
A. 问清客人来访人数　　B. 询问客人是否需要准备饮料
C. 询问客人是否需要准备鲜花　　D. 询问客人有无特别服务要求

3. 外来访客主要操作内容及标准包括（　　）。
A. 使用平语问候客人
B. 问清访客的姓名和住客的姓名及房号
C. 办理访客登记手续，请访客稍等
D. 使用敬语问候客人

三、判断正误并改错

1. 对来访查询住店客人情况，问讯员应该先问清来访者的姓名及与住店客人的关系等。

（　　）

2. 当有访客寻找某位住店客人时，而客人外出不在，可以请访客在大堂等候。（　　）

3. 对来访客人查询住店客人的相关情况，问讯员不应该打电话给住客核实。（　　）

4. 住客留言，如有客人来访，问讯员应将留言内容告知来访者。（　　）

任务四　生活服务

一、单项选择题

1. 去除（　　）污迹可以使用软毛刷蘸少量汽油轻轻擦拭。

A. 衣物上的圆珠笔迹　　B. 白色织物上的鞋油

C. 衣物上的食用油　　D. 衣物上的瓜果渍

2. 租、借物品是两个不同的概念，使用（　　）是要加收费用的。

A. 熨斗　　B. 充电器　　C. 影碟机　　D. 电源线板

3. 客房服务内容包括托婴（幼）服务，饭店应安排（　　）看护。

A. 客房服务员　　B. 客房主管

C. 有照看婴儿经历的员工　　D. 酒店清洁工

4. 有的饭店有为客人照顾婴儿的服务，一般规定（　　）以下的婴儿不提供此项服务。

A. 12 个月　　B. 18 个月　　C. 2 岁　　D. 半个月

5. 客房服务员为旅客提供擦鞋服务，当要擦的皮鞋很多时，服务员应（　　），这样皮鞋太多时才不会弄乱。

A. 拿皮鞋时记住房号

B. 用纸条写上客人的房号，放入客人的皮鞋中

C. 擦完一双及时放入客人房间

D. 在客人房间中将鞋擦好

6. 洗衣服务的“五清一主动”中的“五清”没有要求（　　）。

A. 衣服件数要数清　　B. 洗涤要求要记清

C. 污渍、破损要看清　　D. 污渍要洗清

7. 客房服务员分送客衣时，对房门上挂有“请勿打扰”牌的房间可（　　）。

A. 打电话到房间　　B. 将衣物送到房间门口

C. 暂时不送　　D. 向领班报告并记录

8. 住客送洗衣物洗涤流程中第一步应为（　　）。

A. 清洁特殊斑渍　　B. 干洗或湿洗

C. 打码分类　　D. 烘干、熨烫

9. 托婴服务的收费一般是以（　　）作为计费的起点。
A. 1 小时　　B. 3 小时　　C. 6 小时　　D. 24 小时

10. 洗衣房的洗衣机主要包括两种，即（　　）和干洗机。前者主要用于棉织品洗涤，后者主要用于一些不适合水洗的布草和衣物，比如一些易缩水、变形及褪色的织物。
A. 湿洗机　　B. 干洗机　　C. 洗干一体机　　D. 熨染机

11. 大多数酒店的洗衣房属于（　　）管理。
A. 前厅部　　B. 客房部　　C. 餐饮部　　D. 人事部

12. 若托管婴幼儿期间，婴幼儿突发疾病，应（　　），以便得到妥善处理。
A. 及时报告上级，请示客房部经理
B. 按照客人吩咐的要求，自行给婴幼儿喂药
C. 带着婴幼儿离开房间，前往医务室请医生处理
D. 邀请同事帮忙去药店购买药品，并喂药给婴幼儿

13. 去除衣服上的瓜果渍，可以用稀释（　　）倍的氨水清洗，再用洗涤剂清洗。
A. 5　　B. 10　　C. 15　　D. 20

14.（　　）根据客房小酒吧饮料的消耗情况，开好账单，由（　　）送至前台收银处。
A. 楼层服务员，领班　　B. 领班，楼层服务员
C. 卫生班服务员，台班服务员　　D. 领班，卫生班服务员

15. 客房洗衣服务当中，快洗不超过（　　）小时。
A. 2　　B. 4　　C. 6　　D. 8

16. 去除衣物上的血迹，可将衣物在（　　）水中浸泡，再擦些肥皂反复搓揉即可。
A. 醋　　B. 盐水　　C. 苏打水　　D. 冷

17. 去除汗渍，把有汗渍的衣物浸入较浓的（　　）中约 3 小时，再用洗涤剂洗净。
A. 醋　　B. 盐水　　C. 苏打水　　D. 香蕉水

二、多项选择题

1. 下列说法中，错误的有（　　）。
A. 大多数的洗衣房属于餐饮部管理，因为洗衣房布件大多数来自餐饮部
B. 为了取得良好的洗涤效果，水的硬度越低越好
C. 上浆粉主要用于洗涤客衣时使用

D．纺织品的颜色与漂洗中使用的漂洗剂密切相关，白色织物可用氧漂剂和氯漂剂，彩色织物最好用氯漂剂

E．去渍时，污渍面宜向上放置在毛巾上，从布件正面施加去渍剂，尽量用强力擦拭

2．下列属于客衣分送要求的是（　　）。

A．及时送交客人　　B．做好交接

C．看清、认准房号并进行核对　　D．讲明件数、金额

3．托婴服务看护婴幼儿时正确的是（　　）。

A．不得将尖利或有毒的器物给婴幼儿充当玩具

B．不得随意给婴幼儿吃东西

C．不得随便将婴幼儿托给他人看管

D．可以带小孩去游泳池

4．为欧美旅客提供擦鞋服务时正确的是（　　）。

A．准备写有客人房号的纸条　　B．自己可以擦拭非黑色皮鞋

C．查看客房门口是否放置皮鞋　　D．有的鞋无法擦拭要及时告知客人

5．以下关于酒吧补充正确的是（　　）。

A．按酒店规定的品种、数量及摆放位置摆放酒水

B．按规定数量补齐酒水和食品及收费单

C．检查酒水的质量和饮料食品的有效保质期

D．注意其有效期限以英文商标为准

三、判断正误并改错

1．洗衣服务除了“客人姓名、房号要写清”还应该将“客衣口袋要掏清”。（　　）

2．客房内洗衣袋、洗衣单及衣刷工具配备要齐全，一般放置在床头柜内。（　　）

3．在为客人提供托婴服务时，不要给婴幼儿食物吃，以确保婴幼儿的安全，但可以将小孩带出客房或酒店。（　　）

4．为了取得良好的洗涤效果，水的硬度越高越好。（　　）

5．酒店房务中心有偿为客人提供租赁电熨斗、指甲刀等服务。（　　）

6．客人租赁物品时要立即送至客房，在交班本上做记录，客人不用签字。（　　）

单元六　餐厅服务基本技能实训

一、单项选择题

1. 餐饮服务只能在就餐客人购买并享用餐饮产品后，才能凭借其生理的与心理的满足程度来评估其优劣，这说明餐饮服务的（　　）。

A. 无形性　　B. 一次性　　C. 同步性　　D. 差异性

2. 餐饮服务不能储存，只能当次享用，过时则不能再使用，这说明服务的（　　）。

A. 无形性　　B. 一次性　　C. 同步性　　D. 差异性

3. 餐饮的（　　）要求餐饮部门既要注重餐饮产品生产的质量和服务过程，又要重视销售环境。

A. 无形性　　B. 一次性　　C. 同步性　　D. 差异性

4. 餐饮的（　　）特点还为饭店创造了极好的现场推销机会，使餐厅服务人员有机会直接向客人介绍、推荐餐饮产品，从而促进销售。

A. 无形性　　B. 一次性　　C. 同步性　　D. 差异性

5. 餐饮的（　　）的存在，要求餐饮部门制定出相应的餐饮服务规范、程序和标准，并加强对员工的培训和对服务过程的控制。

A. 无形性　　B. 一次性　　C. 同步性　　D. 差异性

6. 企业的生产过程就是客人的消费过程，这指的是餐饮服务的（　　）。

A. 无形性　　B. 一次性　　C. 同步性　　D. 差异性

二、多项选择题

1. 餐厅按经营特色分类主要有（　　）。

A. 中餐厅　　B. 西餐厅　　C. 宴会厅　　D. 特色餐厅

三、判断正误并改错

1. 饭店餐饮部工作人员为客人提供食品、饮料等一系列有形产品的总和就是餐饮服务。（　　）

2. 餐厅是为客人提供食物、饮料及相关服务的公共就餐场所。（　　）

3. 餐饮服务和其他任何服务一样不能够量化，这说明餐饮服务的一次性。（　　）

4. 饭店中的餐厅源于拉丁语，原意为滋补、提神。它首先在英国，继而在欧洲，最终在全世界成为餐馆的专用名词。（　　）

5. 餐厅英文为Restaurant，源于法语。（　　）

任务一　托盘

一、单项选择题

1. 一般地，传菜和托运较重的物品时，使用（　　）。
A. 圆形小托盘　B. 圆形中托盘　C. 长方形或圆形大托盘

2. 摆台、酒水服务和换烟灰缸，则使用（　　）。
A. 圆形小托盘　B. 圆形中托盘　C. 长方形或圆形大托盘

3. 递送账单、收款、递送信件或高档酒品时常使用（　　）。
A. 圆形小托盘　B. 圆形中托盘　C. 长方形或圆形大托盘

4. 在托送热菜时常使用（　　）。
A. 常步　B. 快步　C. 碎步　D. 垫步

5. 在托送汤类菜肴时使用（　　）。
A. 常步　B. 快步　C. 碎步　D. 垫步

6. 在狭窄过道突然遇到障碍或靠近席边，需要减速时，运用（　　）来托盘。
A. 常步　B. 快步　C. 碎步　D. 垫步

7. 轻托，一般使用圆形托盘，用于托送少量的酒水饮料、菜肴、餐具，所托物品的重量不超过（　　）千克。
A. 5　B. 8　C. 10　D. 12

8. 重托又称（　　），用于托载较重较多的茶点、菜肴酒水、盆碟，所托物品的重量一般在（　　）千克以上。
A. 胸前托，5　B. 腰托，5　C. 肩上托，5　D. 手臂托，5

9. 轻托时，一般使用（　　）。
A. 圆形托盘　B. 方形托盘　C. 矩形托盘　D. 椭圆形托盘

10. 重托时，一般使用（　　）。
A. 圆形托盘　B. 方形托盘　C. 矩形托盘　D. 椭圆形托盘

11．重托装盘时需重叠摆放，其叠放方法是（　　）。

A．方形　　B．金字塔形　　C．倒三角形　　D．矩形

12．重托时双手将托盘移至工作台外，用右手协助左手托起，同时左手向上弯曲臂肘，向左后方旋转（　　）。

A．60°　　B．90°　　C．150°　　D．180°

二、多项选择题

1．按制作材料分，托盘可分为（　　）。

A．塑料托盘　　B．胶木托盘　　C．木制托盘　　D．不锈钢托盘

2．按形状分，托盘可分为（　　）。

A．圆形托盘　　B．方形托盘　　C．矩形托盘　　D．椭圆形托盘

3．按尺寸分，托盘可分为（　　）。

A．大托盘　　B．中托盘　　C．圆托盘　　D．小托盘

4．按托送方式分，托盘可分为（　　）。

A．轻托　　B．手臂托　　C．重托　　D．端托

5．轻托，又称（　　）。

A．胸前托　　B．腰托　　C．肩上托　　D．手臂托

6．托盘行走常用的步伐有（　　）。

A．常步　　B．快步　　C．碎步　　D．小跑

7．重托操作时要做到（　　）。

A．盘底不搁肩　　B．盘前不靠嘴

C．盘后不靠发　　D．右手扶托盘前的内角

三、判断正误并改错

1．托盘是餐厅运送各种陶瓷器皿、银器、食品、饮料的基本服务工具。（　　）

2．托盘行走多按照正常的步速和步距迈步行走，要求步速均匀，步距适中，托送汤类菜肴时使用快步。（　　）

3．目前，在餐厅内运送重物时，常采用餐车推送。（　　）

4．装盘时重物在里档，轻物低物在外档；后派后取的物品放在外档，先派先取的放在里档。（　　）

5．重托上台前，必须先放在落菜台上或其他空桌上，再徒手端送菜盘上台。（　　）

6．轻托是左手掌心向上，五指分开，可以全掌托住盘底。（　　）

7．重托装盘时要冷热食物分开装，咖啡壶与茶壶嘴应靠盘中央，以免溅出。（　　）

任务二　餐巾折花

一、单项选择题

1．将餐巾卷成圆筒形并制作出各种花型的手法对应（　　）的折花手法。

A．推折　B．卷　C．翻拉　D．捏

2．餐巾折花摆放要求中需要突出主花，主花摆放在（　　）。

A．桌子中间　B．主人席位

C．观赏面朝向的宾客席位　D．陪译人员

3．根据宴会参与者的不同身份，餐巾花可分为（　　）。

A．杯花、盘花和环花　B．植物、动物和实物造型

C．主花和从花　D．环花和主花

4．在餐巾服务过程中，要求服务员站在客人（　　）为客人打开餐巾，动作熟练，避免碰触客人。

A．右手边　B．左手边　C．正后方　D．左后方

5．餐巾花插花入杯时，应持杯壁（　　）操作，注意卫生。

A．下方 1/3 处　B．中间 1/2 处　C．最底端　D．下方 2/3 处

6．在餐巾折花中，运用推折的方式，应该从（　　）推折。

A．中间分别向两边　B．两边向中间

C．上面向下面　D．随意

7．餐巾又称（　　）。

A．桌布　B．方巾　C．口布　D．台布

8．下列折花手法使口布形成皱褶，造型更加逼真、美观的一种方法是（　　）。

A．捏　B．翻拉　C．穿　D．叠

9．折叠餐巾花时，操作选择在（　　）。

A．餐盘中　B．客人的餐桌旁　C．备餐台面　D．客人桌上

10．打折时应用的手法是（　　）。

A．折叠　B．翻拉　C．推折　D．直卷

11．做鸟与其他动物的头所使用的折花手法为（　　）。
A．折叠　　B．卷　　C．穿　　D．捏

二、多项选择题

1．餐巾折花的主要作用是（　　）。
A．美化席面　　B．烘托气氛
C．标志宾主席位　　D．客人用餐保洁

2．餐巾花按折叠方法与摆放工具的不同分为（　　）。
A．杯花　　B．盘花　　C．环花　　D．壁花

3．按造型外观分，餐巾花可分成（　　）。
A．实物　　B．植物　　C．动物　　D．人物

三、判断正误并改错

1．餐巾折花摆放中要求餐巾花只要不影响操作，可以遮挡台上用品。（　　）
2．推折时拇指、中指紧握餐巾，折叠时向后推折，用中指控制间距。（　　）
3．餐巾折花摆放中要求注意其高低、大小搭配，将不同造型的花型错落摆放。（　　）
4．卷可分为平行卷和斜角卷，或者直卷和螺旋卷。（　　）
5．餐巾又称口布，英文为Napkin，是客人用餐时的保洁方巾（　　）
6．餐巾的服务一般站在客人的右手边为客人打开。（　　）

任务三　斟酒

一、单项选择题

1．啤酒的最佳饮用温度是（　　）。
A．8℃～10℃　　B．8℃～12℃　　C．6℃～8℃　　D．12℃～16℃

2．白葡萄酒的最佳饮用温度是（　　）。
A．8℃～10℃　　B．8℃～12℃　　C．6℃～8℃　　D．12℃～16℃

3．葡萄汽酒的最佳饮用温度是（　　）。
A．8℃～10℃　　B．8℃～12℃　　C．6℃～8℃　　D．12℃～16℃

4．客人人数较多、酒水品种较多一般采用（　　）。
A．徒手斟酒　　B．捧斟
C．托盘斟酒　　D．二人合作斟酒

5. 葡萄酒开瓶时应尽量避免晃动瓶身，（　　）将酒钻钻进木塞。
A. 水平　　B. 垂直　　C. 倾斜　　D. 随意

6. 香槟酒开瓶前需冰镇，并将瓶身倾斜（　　）。
A. 45°　　B. 60°　　C. 50°　　D. 70°

7. 斟倒各种饮料无论是中餐还是西餐，其斟倒标准是（　　）。
A. 与杯口齐平　　B. 三分满　　C. 五分满　　D. 八分满

8. 西餐斟酒最先服务的第一位客人是（　　）。
A. 女主人　　B. 男主人　　C. 女主宾　　D. 男主宾

9. 中餐斟酒最先服务的第一位客人是（　　）。
A. 主人　　B. 副主人　　C. 主宾　　D. 副主宾

二、多项选择题

1. 饮用温度要求低于室温的酒有（　　）。
A. 黄酒　　B. 白葡萄酒　　C. 葡萄汽酒　　D. 啤酒

2. 需要升温饮用的酒有（　　）。
A. 黄酒　　B. 白葡萄酒　　C. 葡萄汽酒　　D. 清酒

3. 斟酒的方法有（　　）。
A. 桌斟　　B. 二人合作斟　　C. 捧斟　　D. 餐台斟

4. （　　）是餐厅最常见的斟酒方法。
A. 捧斟　　B. 托盘斟酒
C. 徒手斟酒　　D. 二人合作斟酒

5. 西餐斟酒的顺序是（　　）。
A. 女主人、女主宾、女宾　　B. 女主宾、女宾、女主人
C. 男主宾、男宾、男主人　　D. 男主人、男主宾、男宾

6. 示瓶的作用是（　　）。
A. 表示对客人的尊重　　B. 核实酒水有无误差
C. 告知客人酒水价格　　D. 证明酒水质量的可靠性

7. 示瓶的操作标准有（　　）。

A．酒标面向客人　　B．站在主人的右侧
C．左手托瓶底　　D．右手扶瓶颈

8．关于斟酒的姿势和位置正确的说法是（　　）。
A．在客人的右后侧　　B．右脚伸入两椅之间，伸出右臂
C．瓶口相距杯口 1～2 厘米　　D．每斟倒一杯就换一个位置

9．斟酒时下列做法不妥的是（　　）。
A．左右开弓　　B．探身对面
C．手臂横越客人　　D．斟倒时身体微前倾

10．饮用前需要冰镇的酒品有（　　）。
A．白葡萄酒　　B．香槟酒　　C．红葡萄酒　　D．黄酒

三、判断正误并改错

1．中餐斟酒从主宾开始，按顺时针方向依次进行。（　　）
2．徒手斟酒时左手用布巾将瓶口擦拭干净。（　　）
3．捧斟是站立在顾客右侧身后，右手握瓶。（　　）
4．捧斟一般适用于非冰镇酒品，多用于酒会和酒吧服务。（　　）
5．当两个人同时为一桌客人斟酒时，一个从主宾开始，一个从主人开始。（　　）
6．西餐讲究什么菜配什么酒，应先斟酒后上菜。（　　）
7．温热黄酒和清酒要使烫酒器内温度热至 60℃左右。（　　）
8．冰镇包括冰块冰镇和冰箱冷藏冰镇。（　　）
9．易拉罐饮料开启时应左手托盘在客人右侧用右手开启，不可对着客人开启，不可晃动易拉罐。（　　）
10．中餐酒水白葡萄酒斟至杯中八分满，红葡萄酒为三分之一到二分之一，啤酒是八分酒液、两分泡沫。（　　）
11．西餐斟酒红葡萄酒为六分满，白葡萄酒为五分满。（　　）
12．白兰地的一个斟倒量是将酒杯斟入酒后横放时，杯中酒液与杯口齐平。（　　）

任务四　铺台布

一、单项选择题

1．台布又称（　　）。
A．桌布　　B．口布　　C．方巾　　D．装饰布

2．240cm×240cm 的台布，一般用于（　　）餐桌。
A．8～10 人　　B．12 人　　C．10～12 人　　D．16 人以上

3．260cm×260cm 的台布，最多适用于（　　）餐桌。
A．10 人　B．12 人　C．14～16　D．16 人以上

4．零点餐厅或较小餐厅铺台布多用（　　）方法。
A．撒网式　B．推拉式　C．抖铺式　D．二人合作式

5．台布定位时，（　　）朝向正副主人位。
A．凸缝　B．凹缝　C．台布角　D．随意

6．西餐铺设台布，要求铺设方法正确，（　　）次内完成。
A．2　B．4　C．3　D．5

7．西餐台布（　　）铺设。
A．由里向外　B．由外向里　C．从上至下　D．从下至上

8．利用抖铺式铺设台布，要求身体呈正位站立式，利用（　　）的力量将台布平铺于餐台上。
A．双腕　B．双臂　C．腹部　D．双手

9．西餐台布铺设时，两张台布接缝向里，重叠处为（　　）厘米。
A．10　B．5　C．15　D．20

10．撒网式台布铺设方法中，要求双手将台布打开后（　　）。
A．平行打折　B．对角打折　C．随意打折　D．不打折

二、多项选择题

1．按照质地分，台布可分为（　　）。
A．纯棉台布　B．化纤台布　C．绒质台布　D．图案台布

2．铺台布的方法分为（　　）。
A．撒网式　B．拉铺式　C．推拉式　D．抖铺式

3．用于长方桌及西餐各类餐桌，台布的大小可以为（　　）。
A．165cm×220cm　B．165cm×200cm
C．180cm×480cm　D．180cm×360cm

4．铺设的台裙与台布要求（　　）。
A．干净　B．无褶皱

C．颜色艳丽　　D．与台面尺寸相符

5．台布定位需要考虑以下哪几个方面（　　）。
A．台布定位“十”字居中　　B．凸缝朝向
C．下垂均等　　D．台面平整

6．台布的作用主要有（　　）。
A．保洁　　B．装饰　　C．方便服务　　D．保护餐桌

7．台布按照形状分，有（　　）。
A．长方形　　B．正方形　　C．圆形　　D．异形

三、判断正误并改错

1．180cm×180cm 的台布铺设的桌面，最多就席人数为 8 人。（　　）
2．在宽敞的餐厅或没有客人就座的情况下，可采用抖铺式的铺台布方法。（　　）
3．用抖铺法铺设台布，要求将台布向前最多 4 次抖开并平铺于餐台上。（　　）
4．台布铺设的整体效果要求“十”字居中，凸缝朝向正副主人位。（　　）
5．撒网式铺设台布的方法多用于宽大的餐厅或技术比赛场所。（　　）

任务五　摆台

一、单项选择题

1．中餐摆台从（　　）位开始拉椅让座。
A．主人　　B．副主人　　C．主宾　　D．副主宾

2．中餐餐椅坐面边缘距台布下垂部分（　　）厘米。
A．1　　B．2　　C．3　　D．1.5

3．中餐餐碟和筷尾距桌边沿约（　　）厘米。
A．1　　B．2　　C．3　　D．1.5

4．中餐味碟距餐碟（　　）厘米。
A．1　　B．2　　C．3　　D．1.5

5．中餐长柄勺距餐碟（　　）厘米。
A．1　　B．2　　C．3　　D．1.5

6．中餐葡萄酒杯在味碟上方（　　）厘米。

A．1　　B．2　　C．3　　D．1.5

7．中餐三杯呈斜直线（　　）。
A．45°　　B．40°　　C．70°　　D．30°

8．中餐摆放餐巾花要突出（　　）。
A．副主人位　　B．主宾位　　C．主人位　　D．陪同位

9．中餐菜单摆放在（　　）位筷子架右侧。
A．主宾　　B．副主宾　　C．陪同　　D．主人

10．西餐摆台两张台布接缝的重叠处为（　　）厘米。
A．5　　B．10　　C．15　　D．20

11．西餐摆台的操作从席椅的（　　）进行。
A．右后方　　B．左后方　　C．正后方　　D．侧后方

12．西餐摆台的席椅边沿与下垂台布相距（　　）厘米。
A．1.5　　B．2　　C．3　　D．1

13．西餐摆放装饰盘从（　　）位顺时针方向开始。
A．主人　　B．主宾　　C．副主人　　D．女主宾

14．西餐装饰盘边距离桌边（　　）厘米。
A．2　　B．1．5　　C．3　　D．1

15．黄油刀置于面包盘右侧边沿（　　）处。
A．1/2　　B．1/4　　C．2/3　　D．1/3

16．西餐烛台与花瓶相距（　　）厘米。
A．20　　B．30　　C．40　　D．50

17．牙签盅与烛台相距（　　）厘米。
A．20　　B．30　　C．10　　D．40

18．椒盐瓶与牙签盅相距（　　）厘米。
A．1　　B．2　　C．3　　D．4

19．西餐摆台铺设台布整理最多（　　）次成型。
A．2　　B．3　　C．4　　D．5

20. 西餐花瓶的高度不超过（　　）厘米。
A. 10　B. 20　C. 30　D. 40

21. 中餐摆台席椅定位的位置首先在（　　）。
A. 主人位　B. 副主人位　C. 主宾位　D. 副主宾位

22. 西餐摆台席椅定位的位置首先在（　　）。
A. 主人位　B. 副主人位　C. 主宾位　D. 副主宾位

二、多项选择题

1. 摆台基本要求是（　　）。
A. 餐具图案对正　B. 距离匀称
C. 符合标准　D. 整齐美观

2. 摆放餐具要求做到（　　）。
A. 清洁卫生　B. 艺术性
C. 方便宾客　D. 便于服务操作

3. 中餐牙签套在摆放的时候要求（　　）。
A. 反面在上　B. 底部相距桌边 1.5 厘米
C. 正面在上　D. 底部与长柄勺齐平

4. 中餐桌号牌摆放在（　　）。
A. 花瓶正前方　B. 花瓶右边
C. 面对主人位　D. 面对副主人位

5. 西餐盘花摆放时需要突出（　　）。
A. 主人　B. 副主人　C. 主宾　D. 副主宾

三、判断正误并改错

1. 摆台是将各种餐具直接铺设在台面上的工作过程。（　　）
2. 摆台可分为中餐摆台和西餐摆台。（　　）
3. 中餐摆放公用餐具按照先勺后筷顺序搁在公用筷架上。（　　）
4. 公用筷架与正主人位水杯间距 1 厘米，筷子末端及勺柄向右。（　　）
5. 桌号牌摆放在花瓶正前方、面对主人位。（　　）
6. 面包盘盘边距开胃品叉 1 厘米。（　　）
7. 黄油碟摆放在黄油刀尖正上方，相距 2 厘米。（　　）

8．西餐三杯的摆放顺序是白葡萄酒杯、红葡萄酒杯和水杯。（　　）
9．西餐白葡萄酒杯杯底距开胃品刀尖 3 厘米。（　　）
10．西餐三杯呈斜直线，向右与水平线呈 30°。（　　）
11．摆放椒盐瓶为左椒右盐，间距中心对准台布凸线，且椒盐瓶两瓶间距 1 厘米。（　　）
12．西餐摆放餐巾要突出正、副主人。（　　）
13．西餐倒水及斟酒的顺序为白葡萄酒、红葡萄酒和水。（　　）

任务六　上菜与分菜

一、单项选择题

1．餐位分菜法从主宾的（　　）开始。
A．右侧　　B．左侧　　C．右后侧　　D．左后侧

2．西餐上菜的顺序是（　　）。
A．汤—开胃品—海鲜—主菜—甜点—咖啡或茶
B．开胃品—海鲜—主菜—甜点—咖啡或茶—汤
C．开胃品—海鲜—主菜—甜点—汤—咖啡或茶
D．开胃品—汤—海鲜—主菜—甜点—咖啡或茶

3．西餐派菜的顺序是（　　）。
A．先宾后主、先女后男　　B．先主后宾、先女后男
C．先宾后主、先男后女　　D．先主后宾、先男后女

4．中餐上菜选择在（　　）右边或之间。
A．主人　　B．主宾　　C．陪同　　D．副主人

5．西餐分菜的顺序首先是（　　）。
A．男主宾　　B．男主人　　C．女主人　　D．女主宾

二、多项选择题

1．上菜的原则是（　　）。
A．先冷后热、先咸后甜　　B．先菜后点、先浓后淡
C．先高档后一般　　D．先一般后高档

2．中餐上菜的顺序是（　　）。
A．先冷菜—海鲜名贵菜—肉类、禽类—蔬菜
B．再点心—汤—面饭—甜菜—水果
C．先冷菜—海鲜名贵菜—蔬菜—肉类、禽类

D．再汤—点心—面饭—甜菜—水果

3．分菜的顺序是（　　）。
A．先主后宾　B．先宾后主　C．逆时针　D．顺时针

4．分菜的方法有（　　）。
A．徒手分菜法　B．餐位分菜法　C．转台分菜法　D．旁桌分菜法

5．上菜要注意（　　）。
A．报菜名　B．展示菜肴　C．摆放菜盘　D．间距适当

6．中西餐分菜时都应注意（　　）。
A．手法卫生　B．动作利索　C．分量均匀　D．跟上佐料

三、判断正误并改错

1．上菜是服务员将冷、热菜按规格和一定程序奉上餐桌的一种方式。（　　）
2．上易变形的炸、爆、炒类的菜，应快速上桌。（　　）
3．上原盅炖品，须先上台让客人观赏，再拿到操作台上当着客人的面打破。（　　）
4．转台分菜法从主宾右侧开始，顺时针方向绕台进行。（　　）
5．旁桌分菜法是从右侧递给客人食用。（　　）
6．冬瓜盅一般做两次分派，第二次作四刀切削完毕。（　　）
7．零点中餐上菜严禁在主人和主宾之间上。（　　）

单元七　中餐厅服务实训

一、多项选择题

1．中餐厅的经营特点主要有（　　）。

A．营业时间长，客流量大而且不稳定

B．菜单设计要体现餐厅经营水准和风格

C．餐厅服务员须具备较全面的知识、技能和灵活处理问题的能力

D．客人消费过程中需要各部门配合默契

2．饭店中餐厅服务按照接待对象不同，通常分为（　　）。

A．零点餐厅服务　　B．宴会服务　　C．团体包餐服务　　D．自助餐服务

二、判断正误并改错

1．中餐厅，是指专门为客人提供各式菜点、饮料和服务的餐厅，是我国饭店餐饮部门主要的经营服务场所。（　　）

2．饭店中餐厅服务环节主要有：餐前准备、餐中服务和餐后结束等环节。（　　）

任务一　预订服务

一、单项选择题

1．电话预订时，接听电话时铃响（　　）声以内接听电话，问候客人并报出餐厅名称。

A．1　　B．2　　C．3　　D．4

2．餐厅预订形式主要有当面预订和（　　）。

A．电话预订　　B．网络预订　　C．担保预订　　D．电传预订

3．预订服务的主要作用体现在有助于酒店对外开发客源市场、宣传酒店和（　　）。

A．提高员工职业道德水准　　B．提高烹饪水平

C．延长服务时间　　D．营销酒店餐饮产品

4．接受预订时，通常需记下订餐客人的姓名、单位和（　　）。

A．职位　　B．联系电话　　C．身份证号码　　D．银行卡号

5．受理客人预订后，首先需要（　　）。

A．预留座位　　B．通知厨房准备原料

C．对客人复述预订信息　　D．把预订信息存档

二、多项选择题

1．中餐厅预订服务的操作流程包括问候客人及（　　）。
A．受理预订　　B．确认预订　　C．感谢预订　　D．落实预订

2．预订的内容包括（　　）。
A．客人预订的用餐日期及时间
B．客人用餐人数、标准及客人的特殊要求
C．订餐客人的姓名、单位、联系电话
D．餐标、菜单、联系电话

三、判断正误并改错

1．中餐厅受理预订时，只需要了解客人预订意图，问清用餐时间，用餐者姓名，特别要求，电话或酒店房间号码。（　　）

2. 确认客人的预订时，应复述预订内容，并根据餐厅实际情况为客人安排座位。（　　）

任务二　零点餐服务

一、单项选择题

1．零点餐服务，是指酒店或餐厅对用餐的（　　）进行服务的形式。
A．散客　　B．团队　　C．VIP 客人　　D．会员

2．迎宾员应在开餐前（　　）分钟站在指定位置，恭候客人的到来。
A．5　　B．10　　C．15　　D．30

3．迎宾员引领客人入席时，应走在客人（　　）处，并以手势礼貌地做方向指引。
A．前方 0.5～1 米　　B．前方 1～1.5 米
C．左侧 0.5～1 米　　D．左侧 1～1.5 米

4．客人就座后，迎宾员将菜单、酒单（　　）。
A．从客人左侧送到客人手上　　B．从客人右侧送到客人手上
C．从就近的位置送到客人手上　　D．放到客人面前的餐桌上

5．老年客人或残疾客人应尽可能安排在（　　）。
A．餐厅靠门口　　B．餐厅靠里面
C．餐厅靠服务台　　D．餐厅包间内

6. 餐位分菜法分汤分菜时，服务员应站在（　　）服务。
A. 客人左侧　　B. 客人右侧
C. 客人后侧　　D. 方便操作的地方

7. 安排客人就座时，优先入座的客人是（　　）。
A. 男主人　　B. 女主人　　C. 女宾客　　D. 年长宾客

8. 通常开席巾抽筷套的服务，应注意（　　）。
A. 站在宾客左侧　　B. 站在宾客右侧
C. 站在宾客后侧　　D. 请来宾自己服务

9. 转单入厨服务的内容包括银台转单、核单送单和（　　）。
A. 出菜品　　B. 结账　　C. 出酒水　　D. 打单

10. 零点餐点菜服务的内容包括接受点菜、提供建议、记录内容、（　　）和礼貌致谢。
A. 出口菜肴　　B. 取拿酒水　　C. 复述确认　　D. 收银结账

二、多项选择题

1. 零点餐服务的特点有（　　）。
A. 客人多而杂，人数不固定
B. 客人口味需求一致
C. 客人到达时间交错，接待的波动性较大
D. 客人的个性化需求较多

2. 零点餐服务人员应在开餐前明确自己的服务区域，了解（　　）。
A. 当天客人的人数　　B. 当天菜肴的供应情况
C. 当天酒水的供应情况　　D. 当天的天气条件

3. 吵吵嚷嚷的大批客人尽可能安排在（　　）。
A. 餐厅靠门口　　B. 餐厅靠里面　　C. 餐厅靠服务台　　D. 餐厅包间内

4. 巡台服务时应做到（　　）。
A. 勤换烟缸　　B. 勤斟酒　　C. 勤换餐碟　　D. 勤巡视

三、判断正误并改错

1. 零点餐餐前服务人员应做好清洁工作，主要包括地面卫生、餐桌椅卫生和工作台面卫生。（　　）

2. 迎宾员引位时要注意客人的人数，以及到来的先后次序，根据客人人数的多少，安

排大小合适的餐桌。（　　）

3．传菜员将菜肴送至餐台旁后，服务员应快步上前，端菜上桌。（　　）

4．服饰漂亮的客人可以将其安排在餐厅中心引人注目的位置。（　　）

5．为宾客开席巾时，应轻解口布后将巾角压在展示碟下，同时抽筷套。（　　）

6．为了确保点菜正确，点菜完毕后，服务员应重复客人所点的菜品。（　　）

7．上菜服务时，先用双手将菜端上餐桌，再上调味品。（　　）

8．上菜时，如有客人问起，则需要为客人介绍菜名。（　　）

9．餐中服务撤换脏盘时，按先上后撤的原则为客人送上干净骨碟。（　　）

10．酒水服务时应从客人右边为客人斟酒。（　　）

任务三　宴会服务

一、单项选择题

1．中餐宴会的主桌应放在（　　）。

A．面向餐厅主门　　B．靠近餐厅主门

C．餐厅最靠里　　D．餐厅最靠外

2．中餐宴会开餐前（　　）分钟准备好茶杯、茶叶、茶壶，放在休息室服务台。

A．5　　B．10　　C．15　　D．30

3．中餐宴会开餐前（　　）分钟准备好相应的酒水、饮料，摆放在服务台。

A．5　　B．10　　C．15　　D．30

4．中餐宴会开餐前（　　）分钟将小毛巾摆放在餐台。

A．5　　B．10　　C．15　　D．30

5．中餐宴会开餐前（　　）分钟开启空调及所有照明灯光。

A．5　　B．10　　C．15　　D．30

6．中餐宴会开餐前（　　）分钟就位，准备迎接客人。

A．5　　B．10　　C．15　　D．30

7．中餐宴会酒水服务时，所有酒水的斟倒不得超过（　　）分钟。

A．5　　B．10　　C．15　　D．30

8．中餐宴会席间服务时，从（　　）上菜。

A．客人左侧　　B．客人右侧　　C．客人后侧　　D．方便的一侧

9．中餐宴会席间服务时，先上冷菜，冷菜吃到（　　）时上第一道热菜，第一道热菜

吃到（　　）时，再上第二道热菜。

A. 1/2. 1/2　　B. 1/2、1/3　　C. 1/3、1/2　　D. 1/3、1/3

10. 宴会期间，如遇到客人的特殊要求时，应（　　）。

A. 直接满足

B. 不予理会

C. 直接说“不行”

D. 说“对不起，请稍等”，然后向上级汇报

11. 在宴会上，宾客讲话、祝酒时，服务员应（　　）。

A. 暂停一切服务工作　　B. 继续进行服务

C. 不予理会　　D. 离开宴会

12. 宴会预订服务要了解宾客的风俗习惯，了解宾客的特殊需要，了解宾客的进餐方式，了解宾客和主客的特殊爱好和（　　）。

A. 家庭情况　　B. 工作情况　　C. 生活忌讳　　D. 教育背景

13. 中餐宴会酒水斟倒顺序是（　　）。

A. 葡萄酒→烈性酒→啤酒和软饮料　　B. 烈性酒→葡萄酒→啤酒和软饮料

C. 啤酒和软饮料→烈性酒→葡萄酒　　D. 葡萄酒→啤酒和软饮料→烈性酒

14. 中餐宴会客人就餐期间，至少撤换小毛巾的次数是（　　）。

A. 1 次　　B. 2 次　　C. 3 次　　D. 4 次

15. 中餐宴会结束清理餐桌台面时，清理的顺序是（　　）。

A. 整理椅子→收餐巾→用托盘或手推车收餐具→撤换台布

B. 收餐巾→用托盘或手推车收餐具→撤换台布→整理椅子

C. 用托盘或手推车收餐具→收餐巾→撤换台布→整理椅子

D. 整理椅子→用托盘或手推车收餐具→收餐巾→撤换台布

二、多项选择题

1. 中餐宴会服务的基本环节有（　　）。

A. 宴会前的准备工作　　B. 开宴时的迎宾工作

C. 宴会中的就餐工作　　D. 宴会结束时的收尾工作

2. 宴会服务时应注意“三轻”，即（　　）。

A. 说话轻　　B. 走路轻　　C. 眼神轻　　D. 操作轻

3．宴会中，当客人正在与人交谈，服务员又找客人有急事时，正确的做法是（　　）。
A．打断客人的谈话　　B．礼貌地等候
C．不打断客人的谈话　　D．寻找机会向客人传达

三、判断正误并改错

1．中餐宴会预订服务要做到“八知”，即知主人身份、知宾客国籍、知宴会标准、知开餐时间、知菜肴品种及烟酒茶果、知主办人婚姻状态、知收费方法、知邀请对象。（　　）

2．三桌或三桌以上桌数组成的宴请，除要注意“面门定位”“以右为尊”“以近为上”等规则外，还应兼顾其他各桌距离主桌的远近。（　　）

3．单桌宴会时，主人面向正门就座，主宾在主人的右首就座。其他人员的位置根据距离该桌主人的远近而定，以远为上，以近为下。（　　）

4．宴会中，当客人与人交谈，服务员又有急事要找客人时，应注意礼貌地打断客人的谈话，向客人传达事情。（　　）

5．整个宴会期间，服务要做到“三勤”，即勤巡视、勤斟酒、勤换小毛巾。（　　）

任务四　团体包餐服务

一、单项选择题

1．团体包餐的特点有用餐标准统一、菜式品种统一、用餐时间统一和（　　）。
A．客人要求统一　　B．客人口味统一
C．服务方式统一　　D．服务态度统一

2．团体包餐按团体的性质分为会议包餐、其他团队包餐和（　　）。
A．旅游包餐　　B．份饭包餐　　C．圆桌包餐　　D．自助包餐

3．团体包餐中一些顾客需要特殊照顾，餐厅服务人员应（　　）。
A．不予理睬　　B．敷衍对待　　C．多收取服务费　　D．灵活服务

4．团体包餐的消费水平相比宴会和零点要（　　）。
A．高　　B．低　　C．相当　　D．持平

5．团体包餐撤台顺序应是（　　）。
A．撤酒杯、小件餐具等→撤餐巾毛巾→换铺台布→整理清扫餐厅卫生
B．撤餐巾毛巾→撤酒杯、小件餐具等→换铺台布→整理清扫餐厅卫生
C．整理清扫餐厅卫生→撤酒杯、小件餐具等→撤餐巾毛巾→换铺台布
D．整理清扫餐厅卫生→撤餐巾毛巾→撤酒杯、小件餐具等→换铺台布

二、多项选择题

1. 按就餐形式，团体包餐可分为（　　）。
A. 圆桌包餐　　B. 份饭包餐　　C. 会议包餐　　D. 旅游包餐

2. 按团体的性质，团体包餐可分为（　　）和其他团队包餐。
A. 圆桌包餐　　B. 份饭包餐　　C. 会议包餐　　D. 旅游包餐

3. 团体包餐服务应做到（　　）。
A. 掌握就餐人数　　B. 掌握包餐顾客的特殊需要
C. 掌握包餐性质　　D. 掌握包餐标准

三、判断正误并改错

1. 用餐标准统一是团体包餐的特点之一，其消费水平一般不低于宴会和零点餐。（　　）
2. 菜式品种统一是团体包餐的特点之一，每天的菜式品种基本不变。（　　）
3. 用餐时间统一是团体包餐的特点之一，用餐人数集中，因此准备工作要充分。（　　）
4. 服务方式统一是团体包餐的特点之一，但经常会出现特殊情况。（　　）
5. 团体包餐是在事先预订后，以统一标准、统一菜式、统一时间进行集体隆重就餐的一种形式。（　　）

单元八　西餐厅服务实训

一、单项选择题

1．西餐厅是专门提供西式菜点、饮料和（　　）的餐厅。
A．气氛　　B．浪漫　　C．服务　　D．特色

2．西餐厅的咖啡厅经营时间是（　　）小时。
A．8～12　　B．10～12　　C．16～24　　D．18～24

3．（　　）是西方饮食文化的一个缩影。
A．咖啡厅　　B．西餐厅　　C．中餐厅　　D．自助餐厅

二、多项选择题

1．西餐厅一般以经营（　　）为主。
A．法式菜系　　B．意式菜系　　C．俄式菜系　　D．英式菜系

2．西餐厅服务按照接待对象不同，通常分为（　　）。
A．团体包餐服务　　B．宴会服务
C．零点餐服务　　D．自助餐服务

三、判断正误并改错

1．西餐菜单要体现西餐厅的经营风格和水平。（　　）
2．西餐厅的装饰要体现西方用餐特点。（　　）

任务一　零点餐服务

一、单项选择题

1．目前，许多餐厅的美式服务上菜、撤盘都采用（　　）。
A．右上左撤　　B．左上右撤　　C．右上右撤　　D．左上左撤

2．（　　）服务周到、简单，又称“大银盘”服务。
A．美式　　B．英式　　C．意式　　D．俄式

3．（　　）又称家庭式服务，主要适用于私人宴席。
A．美式服务　　B．英式服务
C．法式服务　　D．意大利式服务

4．（　　）服务注重实效，讲究优美文雅的风度。
A．英式　　B．法式　　C．美式　　D．俄式

5．西餐是（　　）菜肴的总称。
A．亚洲　　B．非洲　　C．欧美　　D．中国

6．西餐中开胃品服务是根据订单为客人服务开胃品，一般餐厅采用（　　）服务。
A．美式　　B．英式　　C．意式　　D．俄式

7．（　　）服务是由一名服务员完成整套程序。
A．法式　　B．美式　　C．俄式　　D．英式

8．西餐斟酒时最先服务的第一位客人是（　　）。
A．女主人　　B．男主人　　C．女主宾　　D．男主宾

9．我国在西餐服务中要求做到标准化、规范化和程序化的基础上，体现（　　）的服务。
A．人性化　　B．需求化　　C．个性化　　D．浪漫化

10．美式服务又称（　　）。
A．碟子服务　　B．餐车服务　　C．银盘服务　　D．盘子服务

11．俄式服务又称（　　）。
A．大银盘服务　　B．盘子服务　　C．家庭式服务　　D．里兹服务

12．西餐零点服务多以（　　）为主。
A．俄式服务　　B．美式服务　　C．英式服务　　D．法式服务

13．注重服务表演，服务周到，但服务节奏缓慢，用餐费用高，餐厅空间利用率和餐位周转率低的服务方式是（　　）。
A．俄式服务　　B．美式服务　　C．法式服务　　D．英式服务

14．俄式服务是服务员用左手垫餐巾托着银盘，右手持服务叉勺给宾客派菜，服务方位是（　　）。
A．从客位的右侧顺时针方向绕台　　B．从客位的左侧顺时针方向绕台
C．从客位的右侧逆时针方向绕台　　D．从客位的左侧逆时针方向绕台

15．家庭味很浓，许多服务工作由客人自己动手，节省人力，但节奏较慢，很少在大众化的餐厅里使用的服务方式是（　　）。

A．英式服务　　B．法式服务　　C．美式服务　　D．俄式服务

二、多项选择题

1．服务主菜用酒时，酒杯在上主菜前服务，上菜后要准备（　　）。

A．示意酒瓶　　B．开瓶　　C．递酒　　D．倒酒

2．西餐零点餐服务程序是（　　）。

A．餐前服务　　B．开胃品　　C．汤或沙拉　　D．主菜

E．餐后服务

3．西餐零点综合式服务融合了以下服务方式，主要有（　　）。

A．法式服务　　B．英式服务　　C．俄式服务　　D．美式服务

4．法式服务源于法国宫廷，又称（　　）。

A．餐车服务　　B．盘子服务　　C．里兹服务　　D．银盘服务

5．以下哪些是西餐的主要特点（　　）。

A．主料突出，形色美观　　B．口味鲜美

C．营养丰富　　D．供应方便

6．俄式服务特点是（　　）。

A．注重实效　　B．讲究优雅的风度

C．节省人力　　D．餐厅空间利用率高

7．英式服务的特点是（　　）。

A．气氛很活跃　　B．家庭味很浓

C．用餐费用高　　D．适用于私人宴席

三、判断正误并改错

1．端托也称徒手低托，一般使用右手单手端盘。（　　）

2．传统的法式服务一般采用比较简单的程序。（　　）

3．俄式服务只限于服务人数少的家庭式宴会。（　　）

4．当今流行的法式服务中要求服务人员在宾客面前作即兴加工表演。（　　）

5．零点服务开胃酒，应在上开胃品前服务到餐桌。（　　）

任务二　西餐宴会服务

一、单项选择题

1. 服务甜品叉勺时，摆放要求是（　　）。
   A. 叉勺均放左边　　B. 叉勺均放右边
   C. 左叉右勺　　D. 左勺右叉

2. 西餐宴会餐桌的主次定位标准是（　　）。
   A. 以离备餐台远近而定　　B. 以离主桌远近而定
   C. 以离厨房远近而定　　D. 以离窗户远近而定

3. 西餐宴会，上主菜时如果配有沙拉，应摆放在（　　）。
   A. 餐桌中心　　B. 客人的正前面
   C. 客人的右边　　D. 客人的左边

4. 法国式长方桌排法，餐桌的摆设为横向，面对门的座位是（　　）。
   A. 女主人位　　B. 男主人位　　C. 第四女宾位　　D. 第三男宾位

二、多项选择题

1. 西餐宴会服务包括（　　）。
   A. 准备工作　　B. 到达后的引领和鸡尾酒服务
   C. 餐中服务　　D. 餐后结束工作

2. 西餐宴会中，家庭式宴会席位安排应考虑（　　）。
   A. 男女宾客穿插落座　　B. 同性宾客就座安排一起
   C. 夫妇穿插落座　　D. 夫妻就座安排一起

3. 西餐宴会准备工作有（　　）。
   A. 了解参加宴会的人数、标准、宾主身份、主办单位
   B. 了解菜单内容和服务要求
   C. 了解席位安排
   D. 熟悉宴会菜单内容

三、判断正误并改错

1. 英、美式西餐桌的摆设为直向。男、女主人各坐餐桌的两个顶端，女主人坐位面向门，男主人则背对门，男、女主宾各坐于男、女主人的左右两侧。（　　）

2. 法式西餐桌的摆设为直向。（　　）

3．在西餐宴会中，一般门口处为上位席，有壁炉台的一侧为下位席。（　　）

4．西餐宴会开始前，服务员应该为客人斟好冰水或矿泉水，面包摆放在面包盘里，并且把账单放在主人位上。（　　）

5．西餐宴会中在休息室给客人送饮料时，如果客人是立饮，要先给宾客餐巾纸，然后再给饮料。（　　）

6．西餐宴会中为客人拉椅让座时是按照先女后男、先宾后主的顺序。（　　）

任务三　自助餐服务

一、单项选择题

1．自助餐菜肴陈列时，所有菜盘（盆）不得伸出桌边，一般距桌边（　　）厘米。

A．5　　B．3　　C．6　　D．4

2．自助餐主要针对（　　），品种丰富、节省时间、消费较低。

A．商务客人　　B．酒店散客或团队客人

C．贵宾客人　　D．酒店普通员工

3．自助餐按就餐地点，可分为（　　）。

A．坐式和立式　　B．自由式

C．豪华餐厅和普通餐厅　　D．室内和室外两种

4．自助餐餐台布置中，长台是最基本的台形，通常摆在（　　）。

A．餐厅一角　　B．餐厅中央　　C．靠墙处　　D．餐厅最前面

5．自助餐菜肴摆放时，一般靠前放的菜肴是（　　）。

A．成本昂贵的菜　　B．成本高的菜

C．成本中等的菜　　D．成本低的菜

6．自助餐菜肴陈列时，餐盘放在自助餐台的（　　）。

A．最下面　　B．最前端　　C．最里面　　D．最高处

7．自助餐迎宾服务，客人到达时，服务员微笑上前表示欢迎，然后按（　　）的顺序为客人拉椅让座。

A．先男后女、先宾后主　　B．先男后女、先主后宾

C．先女后男、先宾后主　　D．先女后男、先主后宾

8．自助餐菜肴陈列时，菜肴的配料（　　）。

A．单独摆放在另一个餐台上　　B．摆放在客人的进餐桌上

C．与菜肴一起摆放　　D．由服务员分派

9.（　　）不是自助餐的特点。
A．菜肴种类丰盛，选择余地大　　B．不受时间限制，随来随吃
C．进餐速度较快，餐位周转率高　　D．客人自我服务无须服务员

10．在自助餐厅负责照顾餐台，向客人介绍、推荐和分送菜肴的员工一般是（　　）。
A．厨师　　B．收银员　　C．值台员　　D．迎宾员

二、多项选择题

1．自助餐餐厅布置原则主要有（　　）。
A．个性鲜明，突出主题　　B．厨房与开餐区融为一体
C．方便客人和服务，合理分区　　D．老年客人与儿童进餐，单独分区

2．自助餐服务注意的事项是（　　）。
A．应遵循先宾后主，女士优先的原则
B．一般由厨师负责照顾餐台
C．服务员须注意与厨师的密切配合
D．客人需要自助餐规定之外的酒水时，一定要向客人说明需加收费用

3．自助餐的特点是（　　）。
A．菜肴种类丰盛，选择余地大　　B．不受时间限制，随来随吃
C．用餐标准一般固定　　D．进餐速度较快，餐位周转率高

三、判断正误并改错

1．自助餐负责照顾餐台，向客人介绍、推荐和分送菜肴的员工一般是迎宾员。（　　）
2．自助餐餐台一般有长方形、圆形、椭圆形、半圆形、梯形等。（　　）
3．自助餐菜肴陈列时应技巧摆放，控制成本。（　　）
4．自助餐服务应遵循先宾后主，女士优先的原则。（　　）
5．自助餐按就餐形式，可分为坐式和蹲式、立式三种。（　　）
6．自助餐餐台由两个长台拼成的L形，一般放于餐厅中央。（　　）
7．自助餐餐台的圆台形通常摆在餐厅中央。（　　）

单元九　ENGLISH FOR HOTEL SERVICE

FRONT DESK SERVICE

Ⅰ. NORMAL PROCEDURE

Reservation→ Guest Arrival→ Check-in→ Bringing the Guest to Room →Delivering Bags →Bringing Baggage Down →Check out

Ⅱ. CLERK

1. Reservationist　2. Receptionist　3. Cashier　4. Doorman
5. Bellman

Ⅲ. SENTENCES

1. Good morning, sir/ma'am. This is Room Reservations. May I help you?
   早上好 先生/女士。这里是客房预订处。请问有什么能帮助您的吗？
2. For which date?/For how many nights?
   请问从哪一天开始入住？请问您住几晚？
3. For how many people will there be in your party?
   请问您一共有几个人入住？
4. What kind of room would you like?
   请问您要住什么类型的房间？
5. What kind of room would you prefer, a single room or a double room?
   您想要哪一种房型的房间，单间还是双人间？
6. For a single room the price would be RMB235 Yuan.
   单人房间的价格是人民币 235 元。
7. I'm sorry, but we are all booked for next week. Is it possible for you to change your reservation date?
   对不起，下个星期的房间都被订满了。您可不可以改变预订的日期？
8. Please stand in line for registration, sir/ma'am.
   请您排队登记先生/女士。
9. May I have your name and your initials, please?
   我能知道您的姓氏和名字的开头字母吗？
10. Could you ask you to put your name in block capitals?
    请用大写字母写您的名字好吗？
11. I can book you a room for the…(date)
    我可以为您安排一间某月某日的房间。

12. May I have the date of your reservation, please?
我能知道您预订的具体日期吗？

13. Thank you for waiting, sir/ma’am. Your room is confirmed for that date, We look forward to serving you.
谢谢您的等候，先生/女士。您的房间已经办理好确认手续，我们期望您的光临。

14. Do you remember the name of the reservation clerk?
您还记得为您办理预订手续的预订员的姓名吗？

15. When was the reservation made?
请问您办理预订的具体时间是什么时候？

16. Do you have any baggage in the trunk?
您有几件行李在后备箱?

17. Is this all your baggage , sir/ma'am?
这是您所有的行李吗?

18. May I help you with your bags, sir/ma'am?
我能帮您拿行李吗？

19. A bellman will show you to the front desk.
一个行李员将带您去前台。

20. Welcome to our hotel. How many pieces of baggage do you have?
欢迎光临我们酒店。请问您一共有几件行李？

21. I’ll show you to the Front Desk. This way, please .Another bellman will show you to your room when you have finished checking in.
我将带您去前台。请这边走。另一名行李员将在您办理完登记手续后带您去房间。

22. Do you have a reservation, sir/ma’am?
请问您有预订吗？

23. Sorry, since most of the rooms are occupied at the moment, we can only give you two rooms on different floors. Will that be all right?
对不起，因为大多数房间都住满了，我们只能给您两个不同楼层的房间，可以吗？

24. Could you fill out the registration form, please?
请您填写这张登记表好吗？

25. May I reconfirm your departure date?
我能再次确认一下您的离店日期吗？

26. How would you like to make payment?
您想用什么样的方式付账？

27. May I see your passport/ID card?
我能看一下您的护照/身份证吗？

28. Please pay the surcharge(deposit)over there first.
请您先到那边付订房的定金。

29. Do you have a letter or telex confirming the reservation?
您是否收到过确认您的预订的信件或者电话？

30. I'm sorry, but I haven't got any record of that.
对不起，我们这里没有您预订的记录。

31. If you leave after 6:00 pm, you'll have to pay the full account.
晚上 6 点以后退房，按全天收费计算。

32. You'll have to pay half of the rate more if you leave after 12:00.
退房时间是中午 12 点，如果您在 12 点之后退房，您必须多付一天的房费。

33. Could you sign your name, please?
请您签名好吗?

34. Could you please put your nationality here, sir/ma'am?
请您将您的国籍写在这儿好吗？

35. Could you keep your room card until you check out?
请您在住宿期间自己保管房卡，直到结账离开。

36. Don't worry, sir/ma'am. Your baggage will be sent up at once.
别担心，您的行李很快就会送上去的。

37. Please take the passenger lift over there, sir. Baggage should be taken by the freight lift.
先生，请您乘坐那边的客梯。行李要从货梯上去。

38．Is there anything valuable or breakable in your bag?
在您的行李当中有贵重或者易碎的物品吗？

39. Please take the elevator on your right. After you, sir.
请您乘坐靠右边的电梯，您先请。

40. Here is your room card. Is there anything else I can do for you ?
这是您的房卡。还有什么我可以为您效劳的吗？

41. I'm afraid there is no guest with that name. We have a guest with a similar name .Would that be him?
抱歉，这里没有客人叫这个名字。我们有位客人和这个名字很相似，会不会是他？

42. I'm afraid we can only take simple message.
抱歉，我们只能转达简短的留言。

43. Could you come down to the Bell Captain's Desk with your claim tag to pick up your bags, sir/ma'am?
请您带着您的取物条到楼下大堂行李处领取您的行李，好吗?

44. Please pick up a long term storage tag at the Bell Captain's Desk.
请您拿着您的长期存放标签来大堂行李处领取您的行李。

45. I'm afraid we cannot be responsible for any damage.
恐怕我们不能对任何损坏负责。

46. What kind of credit card do you have?
请问您持有哪一种信用卡?

47. What is the exchange rate for today ?
今天的兑换率是多少?

48. Our check-out time is noon, but you used the room until 6 pm. I'm afraid that for late check-outs we change an extra 50% of the room rate.

我们的退房时间是中午 12 点，但是现在已经是下午 6 点。恐怕我们要加收您房费 50%的延误费。

49. Did you have breakfast this morning?
您今天早上过用早餐吗？

50. Would you like to check and see if the amount is correct?
请您过目一下您的账单是否正确？

HOUSEKEEPING SERVICE

SENTENCES

1. 很抱歉打扰您了，先生/女士。我现在打扫房间可以吗？
I'm sorry to disturb you, sir/ma'am. But I would like to clean the room. Can I do it now?

2. 请问我什么时候打扫房间方便呢？
What time would be convenient， sir/ma'am?

3. 请您出示您的房卡。
Could you please show me your room card?

4. 我可以看一下您的身份证吗？
May I have look at your ID card?

5. 这是电视，您能收到 10 个频道的节目。
Here is the television. You can get 10 channels on it.

6. 洗衣服务的分机号码是 7.
The extension number of Laundry Service is 7.

7. 这是小酒吧，里面有多种酒水和饮料提供。
This is the Minibar. There are several kinds of wine and beverage in it.

8. 请您保管好您的钥匙，离开房间时，请将钥匙放在总台。还有什么事可以为您效劳吗？
Please keep your key in a safe place, and leave it at the Front Desk when you leave the hotel. Is there anything else I can do for you?

9. 您早晨要叫醒服务吗？
Do you need a wake-up call in the morning?

10. 您喜欢什么样的叫醒服务，电话还是敲门？
What kinds of call would you like? By phone or by knocking at the door?

11. 我们今天两次打电话到您房间都没有回应，外面挂着“请勿打扰”的标志牌。
We called your room twice today but there was no answer and the “Do Not Disturb” sign was on the door.

12. 您的行李箱放在哪里？
Where would you like me to put your suitcase?

13. 这间房不能抽烟。
I'm afraid you can not smoke in this room.

14. 我们饭店有多间餐厅，可以提供各种菜肴，咖啡厅 24 小时营业。

There are many kinds of restaurants in our hotel. They serve many different kinds of dishes. The coffee shop is open 24 hours.

15. 如果您需要送餐服务，可以与送餐部联系，电话分机 6。

If you want to have dinner in your room, you can contact the Room Service .The extension number is 6.

16. 我们饭店的空调是单独控制的，您可以随意调节。

Air-conditioning is individually controlled in our hotel. You can adjust it as you like.

17. 我们可以给您的房间加床，行吗？

We could put an extra bed in your room, would that be all right?

18. 您是出差还是度假？

Are you here on business or on a holiday?

19. 您要什么茶？绿茶还是红茶？

What kind of tea would you like? Green tea and black tea?

20. 一直往前走，然后向左（右）转。

Please walk straight ahead and turn left (right).

21. 欢迎您来到八楼，我是楼层服务员。有事尽管吩咐。

Welcome to the eight floor. I'm the floor attendant. Just let me know if there is anything I can do for you.

22. 随时为您效劳，我希望您住在这里会感到愉快。

You are always welcome. I hope you'll enjoy your stay with us.

23. 如果您要洗衣服，请把衣服放在卫生间门背后的洗衣袋里，洗衣服务员每天早晨会来收的。

If you have any, please just leave it in the laundry bag at the back of bathroom door, the laundry man comes over to collect it every morning.

24. 请告诉我们或在洗衣单上注明您的衣服是否要烫、湿洗或者干洗，以及什么时间返回。

Please tell us or notify in the list whether you need your cloths ironed, washed, dry-cleaned and what time you want to get them back.

25. 我有 14 间房要打扫，除非有特殊的要求，我一般首先打扫走客房。

Well, I have a section of 14rooms, and I always do the check-out rooms first, unless there is a request.

FOOD AND BEVERAGE SERVICE

Ⅰ. NORMAL PROCEDURE

Taking a Reservation →Receiving the Dinner →Taking Orders

Dealing with Requests (Complaints) →Giving the Bill

Ⅱ.SENTENCES

1. 早上（下午、晚上）好，（自报餐厅名），我能为您做些什么？

Good morning/afternoon/evening. (The name of the restaurant and your name) May I help you?

2. 请问一共有多少人用餐，先生/女士？

How many persons are there in your party,sir/ma'am?3.

3. 请问你们几点钟到？

What time would you like to arrive?

4. 请问您的姓名？

May I have your name , please?

5. 请您拼读一下您的姓名好吗？

Could you spell that for me, please?

6. 可以留下您的电话号码吗？

May I take your telephone number, please?

7. 请问您有什么特殊要求需要我们做准备的，先生/女士？

Is there anything special you would like us to prepare, sir/ma'am?

8. 恐怕我们餐厅只能为您留桌到晚上 8 点。

I am afraid that we only can guarantee the table before 8:00 in the evening.

9. 如果您还有什么要求，请不要犹豫，立刻通知我们。

If you have any further requirements, please don't hesitate to contact me.

10. 请问您有预定吗？

Do you have a reservation, sir/ma'am?

11. 对不起，先生/女士。我们现在没有空餐桌，请您在酒吧（堂吧）稍等一下好吗？

I'm sorry, sir/ma'am. We do not have a table free now. Would you like to have a drink in the bar(lounge) ?We shall call you as soon as possible?

12. 您是否更换一下预订的时间？

Would you like to make a reservation at another time?

13. 今晚我们客满了，您不介意稍等片刻吗？

We're rather full this evening. Would you care to wait for a while?

14. 对不起，先生/女士，让您久等了。

I'm sorry to keep you waiting, sir/ma'am.

15. 对不起，先生/女士，请随我去另一张餐桌。

I'm sorry, sir/ma'am. Would you care to follow me to another table?

16. 您是愿意靠窗坐呢，还是靠门坐？

Which would you prefer, here by the window or near the door?

17. 对不起，先生/女士。所有靠窗的座位都满了。

I'm sorry, sir/ma'am. All the tables by the window are occupied.

18. 请问您对这张餐桌满意吗？先生/女士？

Is this the table fine with you, sir/ma'am?

19. 我们会立刻准备好另一张餐桌？

We'll have another table ready immediately.

20. 很抱歉给您带来不便，请您在酒吧喝一杯好吗？

Sorry for the inconvenience. Would you care for a drink at the bar?

21. 您介意坐在这儿吗，先生/女士？

Would you like to sit here, sir/ma'am?

22. 对不起，先生/女士。一定是哪儿出了问题，请稍等一会儿，我这就查一下。

I'm sorry, sir/ma'am. There has been a mistake, please wait a moment and I'll check.

23. 这是您的菜单和酒单，先生/女士。

Here are the menu and wine list, sir/ma'am.

24. 您想要点开胃酒吗？

Would you like to order an aperitif/

25. 请问您是需要头盆吗？

Would you like to order hors d'oeuvres?

26. 请问可以为您点菜了吗？

Are you ready to order now?

27. 您先来点什么？

What would you like to start with?

28. 请问有服务员为您服务吗？

Are you being helped, sir/ma'am?

29. 请问您的牛排需要几成熟？（一成、三成、五成、七成、全熟）

How would you like your steak cooked (done) ?(rare/ medium rare/medium/ medium well/ well done)

30. 请问您的鸡蛋是要单面煎还是双面煎？

Would you like your eggs sunny side up or turned over?

31. 请问您是要香肠、火腿还是熏肉？

Would you like sausage, ham or bacon?

32. 请问您是要烤吐司、牛角包还是小圆面包？

Would you like toast, croissants or rolls?

33. 请问您是用套餐，还是零点？

Would you like to the Table D' Hotel or A La Carte menu?

34. 请问您要点甜点吗？

Would you like some cakes?

35. 请问您还需要点别的吗？

Would you like some more?

36. 请问您的咖啡要不要加奶？

Would you like your coffee with or without cream?

37. 请问您下一道要点什么？

What would you like to follow?

38. 请问您想要什么样的配菜？

What sort of side-dish would you like?

39. 对不起，恐怕我们没有这个菜，我可以向您推荐别的菜吗？

I 'm afraid we do not have the dish now. May I suggest something else?

40. 十分抱歉，先生/女士，这道菜已经卖完了。我能向您推荐黑胡椒牛扒吗？

I'm terribly sorry, sir/ma'am. This dish has been sold out. May I offer you the Black Pepper Steak?

41. 对不起，先生/女士。我马上为您换掉。

I'm sorry, sir/ma'am. I'll change it right away.

42. 感谢您让这件事引起我们的注意。

Thank you for bringing this matter to our attention.

43. 对不起，这道菜将立即被换掉。

I'm sorry, sir/ma'am. The dish shall be replaced immediately.

44. 对不起，但我们很高兴您向我们指正出来。请接收我们的道歉。

I'm sorry, sir/ma'am. But we are glad you pointed this out to us.

45. 很抱歉，这不是我们的水准。

I'm sorry, sir/ma'am. This is not our usual standard.

46. 对不起，先生/女士。这是您的账单。请问您是付现金还是刷信用卡？

I'm sorry, sir/ma'am. Here is your bill. Would you like to pay in cash or by credit card?

47. 您在用餐前要用些饮料吗？

Would you like to something to drink before your meal?

48. 请问您想喝哪一种葡萄酒？

What kind of wine would you like?

49. 请问您对一切都满意吗？

Is everything to your satisfaction?

50. 祝您用餐愉快，希望您有个愉快的夜晚，望有机会再次为您服务。

I hope you enjoyed your meal and have a nice evening. I hope to see you again.

旅游导游篇

单元十　导游基础知识

任务一　湖北导游基础知识

一、单项选择题

1．湖北，因地处长江中游（　　）之北而得名。
A．洞庭湖　B．鄱阳湖　C．巢湖　D．太湖

2．湖北简称“鄂”，是因为自（　　）开始，湖北部分地区为鄂州所管辖。
A．北宋　B．南宋　C．唐朝　D．隋朝

3．长春观是为了纪念长春真人（　　）而修建的。
A．马钰　B．丘处机　C．王重阳　D．张三丰

4．我国开凿年代最古远的石窟寺，也是湖北省唯一的石窟寺是（　　）。
A．归元寺　B．宝通寺　C．古德寺　D．仙佛寺

5．寺院内有全国第一古梅——楚梅的是（　　）。
A．章华寺　B．玉泉寺　C．宝通寺　D．归元寺

6．下列不属于“玉泉寺三绝”的是（　　）。
A．隋代铁　B．唐代吴道子石刻观音像
C．北宋铁塔　D．仙人掌茶

7．被宋宗英誉为“天下祖庭”的湖北佛教寺庙是（　　）。
A．五祖寺　B．东方寺　C．玉泉寺　D．西山寺

8．湖北最具特色的地域文化是（　　）。
A．荆楚文化　B．楚文化　C．神农文化　D．三国文化

9．又名“施南调”的少数民族曲艺是（　　）。

A．恩施扬琴　B．长阳南曲　C．南剧　D．傩戏

10．以歌为媒，自主择偶为主要特征的恩施州全州性的民族节日是（　　）。
A．赶年　B．女儿会　C．牛王节　D．摆手舞节

11．洪山宝塔原名是（　　）。
A．灵济塔　B．圣象塔　C．伏波塔　D．万象塔

12．武汉市唯一的“女众丛林”是（　　）。
A．归元寺　B．古德寺　C．宝通寺　D．莲溪寺

13．古灵寺是我国佛教（　　）的发源地。
A．净土宗　B．禅宗　C．密宗　D．律宗

14．土家族、苗族共同的节日是（　　）。
A．赶年　B．重年　C．牛王节　D．女儿会

15．西兰卡普是（　　）妇女独特的织锦工艺品，仅织锦图案就达数百种。
A．苗族　B．白族　C．土家族　D．傣族

16．穿露水裙出嫁的姑娘是（　　）。
A．苗族　B．土家族　C．壮族　D．傣族

17．我国最早的水利工程是（　　）。
A．灵渠　B．都江堰　C．漳河渠　D．期思陂

18．下列湖北戏剧中，没有被列为国家级非物质文化遗产的是（　　）。
A．汉剧　B．楚剧　C．黄梅戏　D．花鼓戏

19．下列作品中属楚剧的是（　　）。
A．《打猪草》　B．《天仙配》　C．《葛麻》　D．《夫妻观灯》

20．湖北历史文化名人中，著名的书法家是（　　）。
A．宋玉　B．毕昇　C．张居正　D．米芾

21．湖北柑橘之乡指的是（　　）。
A．仙桃　B．秭归　C．房县　D．洪湖

22．湖北旧石器时代文化的代表是（　　）。
A．郧阳猿人　B．大溪文化　C．屈家岭文化　D．龙山文化

23. “峡中有峡，滩中有滩”形容的是（　　）。
A. 西陵峡　　B. 巫峡　　C. 瞿塘峡　　D. 黄牛峡

24. 湖北省第一大淡水湖是（　　）。
A. 洪湖　　B. 梁子湖　　C. 东湖　　D. 陆水湖

25. 我国最大的内陆型封闭式湖泊，素有“江汉明珠”之称的是（　　）。
A. 梁子湖　　B. 洪湖　　C. 仙岛湖　　D. 刁汊湖

26. 长江是我国的第一大河，流经（　　）个省、市、自治区。
A. 9　　B. 10　　C. 11　　D. 12

27. 在“长江三峡”中，著名的景点神女峰位于（　　）。
A. 虎跳峡　　B. 巫峡　　C. 瞿塘峡　　D. 西陵峡

28. 下列不属于汉沔风味代表菜的是（　　）。
A. 清蒸武昌鱼　　B. 千张肉
C. 洪山菜薹　　D. 排骨藕汤

29. 下列属于鄂东南菜风味代表菜的是（　　）。
A. 黄州东坡肉　　B. 八宝饭
C. 千张肉　　D. 蟠龙菜

30. 下列属于荆南风味代表菜的是（　　）。
A. 黄州东坡肉　　B. 金包银
C. 银包金　　D. 八宝饭

31. 下列不属于襄郧风味代表菜的是（　　）。
A. 太和鸡　　B. 蜜枣羊肉　　C. 武当猴头菇　　D. 排骨藕汤

32. 湖北省位于中国腹地，东临（　　）。
A. 安徽　　B. 湖南　　C. 江西　　D. 重庆

33. 下列不属于屈原的作品的是（　　）。
A.《天问》　　B.《九歌》　　C.《九章》　　D.《九辨》

34. 湖北省气象灾害中危害最大的是（　　）。
A. 洪涝　　B. 干旱　　C. 大风　　D. 冰雹

35．湖北省首家省级地质公园是（　　）。
A．黄陂木兰山　　B．通山隐水洞
C．神农架　　D．咸宁九宫山

36．中国目前体积最大的溶洞是（　　）。
A．腾龙洞　　B．黄金洞　　C．太乙洞　　D．野人洞

37．湖北省管辖的最大水库是（　　）。
A．三峡水库　　B．丹江口水库　　C．漳河水库　　D．浥水水库

38．我国最大的内陆型封闭式湖泊是（　　）。
A．洪湖　　B．梁子湖　　C．东湖　　D．刁汊湖

39．大别山位于（　　）三省交界地段。
A．鄂豫皖　　B．湘鄂赣　　C．鄂川湘　　D．川鄂皖

40．下列关于武当武术的理论核心的叙述，错误的是（　　）。
A．阴阳消长　　B．八卦演变　　C．五行生克　　D．以静制动

二、判断正误并改错

1．楚作地名，重了秦始皇母亲的名讳，遂改以荆山之荆称之。（　　）

2．北宋初年，以洞庭以北至荆山，西包沅澧二水之地，置荆湖北路，简称湖北路，湖北之名即由此始。（　　）

3．湖北省历史上第一次定名是在康熙三年。（　　）

4．楚国历史上的重大事件中，筚路蓝缕、一鸣惊人、观兵问鼎均发生在楚庄王在位时。（　　）

5．战国初期，楚悼王任用由魏入楚的吴起为令尹，开始吴起变法，对恢复楚国的国力起到了决定性的作用。（　　）

6．楚文化的六大支柱是青铜冶铸、丝织刺绣、木竹漆器、老庄哲学、屈骚文学、美术音乐。（　　）

7．汉剧又名汉调、楚调、黄腔；楚剧又称黄孝花鼓、东路花鼓。（　　）

8．我省绿松石的著名产地位于鄂西北山区，主要有郧县、巴东县、郧西县、竹山县。（　　）

9．湖北鄂西地区遗存的植物活化石有珙桐、水杉、银杏。（　　）

10．黑木耳的著名产地有保康、房县。（　　）

11．大别山位于湘鄂赣三省交界地段。（　　）

12．湖北最大的淡水湖是洪湖，第二大的是东湖。（　　）

13．丹江口水库既是亚洲第一大人工湖，也是南水北调中线工程水源地。（　　）

14．大别山主峰天堂寨号称“中原第一峰”。（　　）

15．武当山主峰天柱峰，其余各峰均倾向于此，呈七十二峰朝主峰之势。（　　）

16．九宫山主峰老鸦尖是鄂南第一高峰。（　　）
17．被誉为“土家族的母亲河”的是清江。（　　）
18．汉江为长江在湖北境内的第一大支流。（　　）
19．在各具特色的土家族饮食中，最具代表性的当数社饭、油茶汤、咂酒。（　　）
20．少数民族建筑吊脚楼被称为“巴楚文化的活化石”。（　　）

任务二　中国历史文化

一、单项选择题

1．我国境内已知最早的猿人化石是（　　）。
A．巫山人　B．元谋人　C．蓝田人　D．北京人

2．不是早期智人代表的是（　　）。
A．广东马坝人　B．山西丁村人　C．四川资阳人　D．湖北长阳人

3．我国是世界上最早种植水稻的国家，发现稻谷遗存的是（　　）。
A．河姆渡遗址　B．半坡遗址　C．龙山遗址　D．良渚遗址

4．下列各组天干地支名称中，完全由天干组成的是（　　）。
A．丁、戊、辛、癸　B．丙、子、壬、巳
C．甲、寅、乙、卯　D．辛、壬、丁、辰

5．商朝屡次迁都，至盘庚始定都于殷，因此商朝又称殷朝。殷位于现在的（　　）。
A．河南南阳　B．河南安阳　C．河南洛阳　D．陕西西安

6．我国第一次有确切日期的日食记录是公元前776年9月6日，此记载出于（　　）。
A．《诗经》　B．《甘石星经》　C．《春秋》　D．《离骚》

7．我国最早关于哈雷彗星的记录出于（　　）。
A．《诗经》　B．《甘石星经》　C．《春秋》　D．《离骚》

8．我国是世界上最早发明纸的国家，（　　）已出现了纸。
A．西汉初期　B．西汉中期　C．西汉末期　D．东汉初期

9．“贞观之治”是指（　　）在位期间。
A．唐太祖　B．唐太宗　C．唐高宗　D．唐玄宗

10．被称为“诗圣”的是诗人（　　）。
A．李白　B．白居易　C．杜甫　D．王维

11．我国最大的一部丛书是（　　）。
A．《资治通鉴》　B．《永乐大典》
C．《四库全书》　D．《古今图书集成》

12．我国古代的大动荡时期，也是科学文化大发展的时期，出现了“百家争鸣”繁荣景象的是（　　）。
A．春秋战国　B．秦汉　C．三国两晋　D．南北朝

13．为了巩固统一，秦始皇采取了一系列措施，其中说法不正确的是（　　）。
A．设置了西域都护府
B．设立了“三公九卿”的中央政府机构
C．统一文字
D．统一法律

14．我国历史上第一部纪传体史书是（　　）。
A．《汉书》　B．《史记》　C．《左传》　D．《后汉书》

15．著名书法家王羲之是（　　）的人物。
A．汉代　B．三国时期　C．西晋时期　D．东晋时期

16．中国第一部完整的药物学著作是（　　）。
A．《伤寒杂病论》　B．《难经》
C．《黄帝内经》　D．《神农本草经》

17．下列关于春秋战国时期在科学技术和文学艺术方面取得的成就表述错误的是（　　）。
A．战国时制定了二十四节气
B．甘德和石申的《甘石星经》是世界上最早的天文学著作
C．扁鹊发明了“麻沸散”
D．《诗经》是我国最早的一部诗歌总集

18．下列关于两汉时期在科学技术和文学艺术方面取得的成就表述错误的是（　　）。
A．张衡发明了浑天仪，是世界上最早测定地震方位的地动仪
B．《黄帝内经》是我国现存最早的一部医术
C．《伤寒杂病论》的作者是张仲景
D．我国第一部断代史书是《汉书》，作者是西汉时期的班固

19．我国最早的一部诗歌总集是（　　）。
A．《离骚》　B．《三字经》　C．《诗经》　D．汉《乐府》

20. 中国古代传说中的“三皇”分别是（　　）。

A. 燧人、伏羲、神农　　B. 女娲、伏羲、黄帝

C. 女娲、伏羲、炎帝　　D. 伏羲、黄帝、炎帝

21. 代的文字已经定型，是当时世界上最进步的文字，并由此开始了中国有文字可考的历史（　　）。

A. 周　　B. 夏　　C. 商　　D. 秦

22. 东汉南阳太守杜诗发明“水排”，利用水利鼓风冶铁，是手工业生产上的一项重要进步，比欧洲早（　　）多年。

A. 2000　　B. 1500　　C. 1000　　D. 500

23. 唐政府组织编写的《唐本草》是世界上第一部由国家编写颁布的药典，比欧洲早（　　）多年。

A. 500　　B. 800　　C. 1000　　D. 1500

24. 我国最早的医书、最早的药物学著作、最早的国家药典、最早的脉学专著分别是（　　）。

A.《伤寒杂病论》《唐本草》《千金方》《脉经》

B.《黄帝内经》《神农本草经》《唐本草》《脉经》

C.《黄帝内经》《脉经》《唐本草》《千金方》

D.《神农本草经》《千金方》《唐本草》《脉经》

25. 我国历史上被誉为“药王”“茶圣”“书圣”“诗仙”的四个人依次是（　　）。

A. 张仲景、贾思勰、吴道子、杜甫

B. 孙思邈、陆羽、王羲之、李白

C. 孙思邈、贾思勰、苏轼、杜甫

D. 华佗、陆羽、吴道子、李白

二、判断正误并改错

1. 我国新石器时代，陶器已得到广泛的使用，由原始瓷器向真正瓷器的转化是在西汉完成。（　　）

2. 现代各国的企业家、军事家都从被日本学者称为“世界古代第一兵书”的《孙膑兵法》中寻求韬略、汲取营养。（　　）

3. 四书指的是《大学》《中庸》《论语》《孟子》。（　　）

4. 四书五经的“五经”指的是《诗》《书》《礼》《易》《春秋》。（　　）

5. 河南安阳、辽宁沈阳、陕西西安、浙江杭州、江苏南京都属于中国历史上“七大古都”之列。（　　）

6. 中国古代的四大发明是指南针、活字印刷术、造纸术、火药。（　　）

7. 中国的六大古都是开封、洛阳、杭州、北京、南京、西安。（　　）

8．宋代四大书法家为苏轼、蔡襄、黄庭坚、米芾。（ ）

9．东晋法显是我国第一个到印度取经的僧人，取经历时 18 年，著有《佛国记》。（ ）

10．科举考试由低到高的等级顺序是乡试、院试、会试、殿试。（ ）

任务三 中国自然旅游资源

一、单项选择题

1．下列属于我国熔岩地貌名山的是（ ）。

A．井冈山 B．九华山 C．雁荡山 D．大别山

2．五岳归来不看山，（ ）归来不看岳。

A．黄山 B．庐山 C．华山 D．崂山

3．我国海岸线全长 18000 千米，一般以钱塘江口为界，其北以泥沙质海岸为主，个别地区如（ ）等地为基岩海岸。

A．辽东半岛 B．北戴河 C．黄河口 D．长江口

4．“峡中有峡，滩中有滩”形容的是（ ）。

A．西陵峡 B．巫峡 C．瞿塘峡 D．黄牛峡

5．长江是我国的第一大河，流经（ ）个省、市、自治区。

A．9 B．10 C．11 D．12

6．以“雄伟”著称的五岳名山是（ ）。

A．恒山 B．衡山 C．嵩山 D．泰山

7．我国最大、最著名的咸水湖是（ ）

A．青海湖 B．长白山天池 C．艾丁湖 D．纳木错湖

8．“横看成岭侧成峰，远近高低各不同”指的是（ ）。

A．三清山 B．庐山 C．武陵源 D．阿里山

9．素有“天然火山地质博物馆”之称的是（ ）。

A．长白山 B．五大连池 C．阿里山 D．云南腾冲

10．既是淡水湖又是海迹湖的湖泊是（ ）。

A．鄱阳湖 B．洞庭湖 C．太湖 D．洪泽湖

11．我国第一大淡水湖是（　　）。
A．鄱阳湖　B．洞庭湖　C．太湖　D．洪泽湖

12．我国面积最大的海岛是（　　）。
A．海南岛　B．台湾岛　C．舟山群岛　D．南沙群岛

13．我国第一大瀑布是（　　）。
A．黄果树瀑布　B．庐山瀑布　C．壶口瀑布　D．吊水楼瀑布

14．下列湖泊中属于堰塞湖的是（　　）。
A．五大连池　B．长白山天池　C．滇池　D．日月潭

15．在我国新疆乌尔禾“魔鬼城”地区出现的地貌景观属于（　　）。
A．岩溶地貌　B．雅丹地貌　C．丹霞地貌　D．熔岩地貌

16．唐代大诗人韩愈的诗句“江作青罗带，山如碧玉簪”所赞美的是（　　）。
A．天山天池　B．漓江山水　C．杭州西湖　D．武夷山水

17．“曲曲山回转，峰峰水抱流”描绘的是（　　）。
A．武夷山风景区　B．西湖风景区
C．清江风景区　D．长江三峡风景区

18．我国道教名山之冠为（　　）。
A．江西龙虎山　B．四川青城山　C．山东崂山　D．湖北武当山

19．常被作为我国景秀河山的代表的河流是（　　）。
A．钱塘江　B．黑龙江　C．富春江　D．珠江

20．“不是夏威夷，胜似夏威夷”指的是（　　）。
A．大连海滨　B．青岛海滨
C．亚龙湾海滨　D．天涯海角海滨

二、判断正误并改错

1．贵州织金洞、肇庆星湖、路南石林都是因为岩溶地貌发育而成的著名的岩溶景区。（　　）

2．在我国，鄱阳湖、洞庭湖、太湖、洪泽湖、西湖被称为五大淡水湖。（　　）

3．黄山四绝指的是奇石、怪松、云海、温泉。（　　）

4．丹霞地貌的景观特点是丹山碧水、质地坚硬、精巧玲珑。（　　）

5．“曲曲山回转，峰峰水抱流”的丹霞山水指的是浙江雁荡山。（　　）

6．钱塘江每年的观潮时间大致为农历六月十六至六月十八。（ ）

7．我国的瀑布主要分布在秦岭—淮河以南地区。（ ）

8．位于万里长江第一湾的虎跳峡具有“狂涛卷地，飞瀑撼天”的气势，人称“魔鬼大峡”。（ ）

9．云南路南石林、浙江雁荡山有“造型地貌博物馆”之称。（ ）

10．滇池、洱海都属于构造湖。（ ）

任务四 中国民族民俗

一、单项选择题

1．居住的院内一般有一影壁，立有供神用的“索罗杆”，这是（ ）的住房习俗。

A．朝鲜族 B．回族 C．满族 D．藏族

2．“袷袢”是（ ）的服饰款式。

A．维吾尔族男装 B．维吾尔族女装

C．藏族男装 D．藏族女装

3．一般回族的年轻姑娘戴的盖头颜色是（ ）。

A．灰色 B．白色 C．青色 D．绿色

4．有“白衣民族”之称的是（ ）。

A．回族 B．朝鲜族 C．维吾尔族 D．白族

5．“行歌坐月”又称“行歌坐夜”，是（ ）青年男女进行社交和谈情说爱的通称。

A．苗族 B．侗族 C．壮族 D．黎族

6．因为（ ）铸造和使用铜鼓已有 2000 多年的历史，所以素有“铜鼓之乡”的美誉。

A．苗族 B．侗族 C．壮族 D．黎族

7．维吾尔族的《十二木卡姆》是一部著名的（ ）。

A．叙事长诗 B．佛教经典

C．音乐舞蹈史诗 D．医药典籍

8．干栏式竹楼、船形屋、吊脚楼、三房一照壁分别是（ ）的传统建筑形式。

A．壮族、黎族、土家族、满族 B．傣族、黎族、苗族、纳西族

C．汉族、壮族、苗族、满族 D．傣族、壮族、土家族、纳西族

9．下列关于维吾尔族禁忌的描述，错误的是（　　）。
A．维吾尔族人不吃未念经宰杀的牲畜，不吃自死的牲畜
B．禁止穿袒胸露背和短小的衣服，最忌户外着短裤
C．接物品最好用双手，单手接也可以
D．维吾尔族的住宅大门忌朝西开

10．关于蒙古族习俗的描述，正确的有（　　）。
A．“坎儿井”是蒙古人的一大发明
B．信仰伊斯兰教
C．客人进门从右边进，离包时要走原来的路线
D．嗜饮砖茶

二、判断正误并改错

1．清明节的主要节日习俗是吃月饼、扫墓、闹社火、踏青、赛龙舟。（　　）
2．藏族的传统节日有泼水节、藏历新年、望果节、雪顿节。（　　）
3．维吾尔族的传统节日有古尔邦节、肉孜节、初雪节。（　　）
4．苗族的传统节日有苗年、三月三、赶秋节、芦笙节。（　　）
5．我国的少数民族有不同的茶俗，如回族喜欢喝盖碗茶、三道茶、冰糖锅锅茶。（　　）
6．朝鲜族能歌善舞，著名的民间舞蹈有板凳舞、铜鼓舞、扇舞、顶水舞等。（　　）
7．壮族人能歌善唱，被誉为“歌仙”的刘三姐是其中的杰出代表。（　　）
8．苗族扎染、银饰、刺绣、挑花、漆器等工艺非常精致美观，有很高的艺术水平。（　　）

9．维吾尔族是一个能歌善舞的民族，盛行于南疆地区的“赛乃姆”是一种欢乐的民间集体舞。（　　）

10．侗族信仰多神，崇拜自然物，古树、巨石、水井、桥梁都是崇拜的对象。以女性神“萨满”为至高无上的神，每个村寨都建立“萨满庙”。（　　）

任务五　中国四大宗教

一、单项选择题

1．中国土生土长的宗教是（　　）。
A．佛教　　B．道教　　C．伊斯兰教　　D．基督教

2．信奉藏传佛教的少数民族有（　　）。
A．撒拉族　　B．羌族　　C．蒙古族　　D．鄂温克族

3．南传佛教又称（　　）。
A．汉语系佛教　　B．藏语系佛教

C．巴利语系佛教　　D．斯拉夫语系佛教

4．因其僧人穿白色僧裙和上衣，俗称白教的是藏传佛教的（　　）。
A．宁玛派　　B．萨迦派　　C．噶举派　　D．格鲁派

5．佛教中的未来佛是指（　　）。
A．燃灯佛　　B．弥勒佛　　C．药师佛　　D．阿弥陀佛

6．我国唯一汉地佛教和藏传佛教并存的佛教圣地是（　　）。
A．普陀山　　B．峨眉山　　C．九华山　　D．五台山

7．道教全真教的创始人是（　　）。
A．丘处机　　B．王重阳　　C．郝大通　　D．孙不二

8．下列不属于中国佛教四大名山的是（　　）。
A．峨眉山　　B．龙虎山　　C．五台山　　D．九华山

9．武当山古建筑群于（　　）12 月 15 日根据世界文化遗产遴选标准 C（I）（II）（VI）入选《世界遗产名录》。
A．1993 年　　B．1994 年　　C．1995 年　　D．1996 年

10．佛教中被称为“大悲菩萨”，其道场在浙江普陀山的是（　　）。
A．观音菩萨　　B．文殊菩萨　　C．普贤菩萨　　D．地藏菩萨

二、判断正误并改错

1．回族、藏族、维吾尔族都信仰伊斯兰教。（　　）
2．魏孝文帝、魏文成帝、梁武帝都是热心弘扬佛教的帝王。（　　）
3．伊斯兰教的三大节日是开斋节、宰牲节、圣纪节。（　　）
4．佛教供奉对象中，西方三圣指的是观音菩萨、大势至菩萨、阿弥陀佛。（　　）
5．中国四大石窟包括敦煌莫高窟、新疆拜城克孜尔千佛洞、大同云冈石窟、洛阳龙门石窟。（　　）
6．伊斯兰教教义中的六大信仰指的是信安拉、信使者、信经典、信天使、信末日和信前定。（　　）
7．佛教中的四大天王指的是持国天王、增长天王、广目天王、多闻天王。（　　）
8．佛教对人生的看法是苦海无边，而种种的现实之苦都是前生的业报。（　　）
9．布依族信仰大乘佛教，布朗族信仰上座部佛教。（　　）
10．傣族信仰北传佛教，朝鲜族、满族信仰南传佛教。（　　）

任务六　中国古代建筑

一、单项选择题

1. 中间的画面由各种不同的龙或凤的图案组成的等级最高的彩画被称为（　　）。

A. 宫廷彩画　　B. 和玺彩画　　C. 旋子彩画　　D. 苏式彩画

2. 我国古代楼阁建筑数量众多，造型丰富，姿态万千，具有较高的艺术水平，其中被誉为“江南三大名楼”的是（　　）。

A. 太白楼、黄鹤楼、岳阳楼　　B. 太白楼、甲秀楼、黄鹤楼

C. 黄鹤楼、岳阳楼、滕王阁　　D. 黄鹤楼、滕王阁、太白楼

3. 中国古代宫殿建筑雄伟壮丽，气势恢宏，代表了建筑艺术的最高水平，下列属于“中国古代三大宫殿式建筑”的是（　　）。

A. 明长陵祾恩殿　　B. 岱庙天贶殿

C. 清裕陵隆恩殿　　D. 故宫保和殿

4. 长城是一处特殊的防御工程。（　　）长城西起蒲昌海，东至辽东。

A. 秦　　B. 汉　　C. 唐　　D. 明

5. 沈阳故宫的西路建筑包括（　　）。

A. 文溯阁、崇政楼、凤凰楼　　B. 嘉荫堂、文溯阁、仰熙斋

C. 崇政殿、嘉荫堂、清宁宫　　D. 凤凰楼、大政殿、戏台

6. 苏州宝带桥建于唐代，是一座（　　）。

A. 敞肩桥　　B. 梁式石桥

C. 连拱石桥　　D. 孔数最多的连拱石桥

7. 明长城中有几处著名的城段，其中被誉为“天下第一关”的是（　　）。

A. 山海关　　B. 嘉峪关　　C. 娘子关　　D. 居庸关

8. 中国礼制建筑中地位最高、规模最大、等级最高、艺术成就最突出、保存最完好的建筑群是（　　）。

A. 天坛　　B. 地坛　　C. 社稷坛　　D. 太庙

9. 中国古建筑成就最高、规模最大的是（　　）。

A. 宫殿建筑　　B. 礼制建筑　　C. 陵墓建筑　　D. 重大工程

10. 清后期用作殿试的场所是（　　）。

A. 太和殿　　B. 中和殿　　C. 保和殿　　D. 交泰殿

二、判断正误并改错

1. 建筑界一般认为，古代世界曾经有过七个主要的独立建筑体系，有的早已中断或流传不广，其中中国建筑、伊斯兰建筑、欧洲建筑被认为是世界三大主要建筑体系。（　　）

2. 中国古代宫殿布局的特征包括：严格的中轴对称；左祖右社；轴线两侧的建筑较为高大；前朝后寝。（　　）

3. 京杭大运河北起北京，南至杭州，流经河北、天津、山东、江苏、浙江等六省市，沟通海河、黄河、淮河、长江、珠江等河流，全长1747千米，是世界上最长的一条人工运河。（　　）

4. 程阳风雨桥是侗族风格的索桥，是侗族文化在建筑艺术上的结晶。（　　）

5. 中国现存的古代皇宫中，北京故宫、沈阳故宫、布达拉宫均被列入《世界遗产名录》。（　　）

6. 在岳阳楼立有“四绝碑”，它是指：滕子京修楼、范仲淹作记、王绪手书、邵竦篆刻。（　　）

7. 彩画分为三个等级，由高到低依次为：和玺彩画、苏式彩画、旋子彩画。（　　）

8. 孔庙、孔府、孔林并称“三孔”，山东曲阜孔庙是我国孔庙中规模最大、时代最早的宗庙。（　　）

9. 都江堰位于嘉陵江，主要设施是：“鱼嘴”分水堤、宝瓶口、飞沙堰。（　　）

10. 灵渠是沟通了漓江和湘江的人工运河，系秦始皇为发兵岭南运输兵员的粮饷而兴建的。（　　）

任务七　中国古典园林

一、单项选择题

1. 我国早在商周时期就开始了初期造园活动，周文王曾建（　　）。

A. 灵囿　　B. 上林苑　　C. 西苑　　D. 芳林苑

2. 下列关于我国古典园林特色的表述中错误的是（　　）。

A. 造园艺术，师法自然　　B. 分隔空间，融于自然

C. 几何规则，均衡对称　　D. 园林建筑，顺应自然

3. 我国第一座公共游览性质的大型园林是（　　）。

A. 宋朝万寿山　　B. 唐代曲江池　　C. 清代圆明园　　D. 杭州西湖

4. 下列我国古代园林中，依次为皇家园林和私家园林的一组是（　　）。

A. 圆明园、颐和园　　B. 承德避暑山庄、豫园

C. 可园、承德避暑山庄　　D. 沧浪亭、留园

5. 中国古典园林的第一组成要素是（　　）。
A. 叠山　B. 理水　C. 植物、动物　D. 建筑

6. 中国古典园林的第二组成要素是（　　）。
A. 叠山　B. 理水　C. 植物、动物　D. 建筑

7. 现存园林中规模最大的亭位于（　　）。
A. 颐和园　B. 避暑山庄　C. 拙政园　D. 何园

8. 古代园林理水之法一般不包括（　　）。
A. 掩　B. 隔　C. 破　D. 借

9. 园林入口处常常迎门挡以假山，是采用了中国古典园林构景的（　　）手法。
A. 障景　B. 抑景　C. 对景　D. 框景

10. “窗含西岭千秋雪，门泊东吴万里船”所表现的是（　　）。
A. 框景　B. 透景　C. 漏景　D. 对景

二、判断正误并改错

1. 中国园林按照艺术风格可分为北方园林、南方园林、江南园林、岭南园林。（　　）

2. 世界古代三大造园体系为西亚园林、欧洲园林和东亚园林。（　　）

3.《园治》一书是明代著名的造园专家计成积累几十年建造园林的经验，而写就的一本园林学著作。（　　）

4. 框景是通过园墙或廊壁上各种造型的漏窗将园内外或廊壁两侧的景致结合在一起，以达到丰富景观内容的构景手法。（　　）

5. 障景是立面景观构景的方法之一，是指在空间比较开阔、空旷，景观比较单调而无景深层次的地方，以一定的景观添置改变上述状况。（　　）

6. 艮岳是历史上规模最大、结构最奇巧、以石为主的假山，形成于北宋。（　　）

7. 漏景可以用漏窗、漏门、漏墙、漏屏风、疏林等手法。（　　）

8. 留园中的岫云峰为北宋花石纲遗物，是江南园林湖石峰中最佳者。（　　）

9. 苏州四大名园指的是拙政园、留园、沧浪亭、狮子林。（　　）

10. 苏州留园以建筑之精湛、奇石之完美、空间组合艺术之高超为特色，全园建筑占总面积的 2/3。（　　）

任务八　中国烹饪

一、单项选择题

1．糖醋鲤鱼是（　　）的传统名菜。
A．山东菜　B．四川菜　C．江苏菜　D．广东菜

2．樟茶鸭子是（　　）的传统名菜。
A．山东菜　B．四川菜　C．江苏菜　D．广东菜

3．炒西施舌是（　　）的传统名菜。
A．浙江菜　B．福建菜　C．湖南菜　D．安徽菜

4．火方银鱼是（　　）的传统名菜。
A．浙江菜　B．福建菜　C．湖南菜　D．安徽菜

5．红烧划水是（　　）的传统名菜。
A．浙江菜　B．福建菜　C．湖南菜　D．安徽菜

6．黄焖鱼翅属于（　　）。
A．孔府菜　B．北京谭家菜　C．西安仿唐菜　D．杭州仿宋菜

7．既是烹饪的物质基础，也是烹饪诸要素的核心的是（　　）。
A．刀工　B．原料　C．技法　D．调味

8．我国最大、最精湛的官府菜是（　　）。
A．青岛菜　B．济南菜　C．曲阜菜　D．淮扬菜

9．客家菜指的是（　　）。
A．广州菜　B．潮州菜　C．东江菜　D．湛江菜

10．浙江菜中最负盛名的是（　　）。
A．杭州菜　B．宁波菜　C．绍兴菜　D．温州菜

二、判断正误并改错

1．我国“四大菜系”是指粤菜、川菜、鲁菜、湘菜。（　　）
2．粤菜、闽菜、鲁菜、湘菜、鄂菜均属于我国“八大菜系”。（　　）
3．肠粉、潮州老婆饼、双皮奶、鸡仔饼属于广东风味的面点小吃。（　　）

4. 调味、火候是中国烹饪技术中的两大关键技术。 (　　)

5. 北京清宫菜、孔府菜、北京谭家菜属于仿古菜。 (　　)

6. 中国烹饪的艺术特征为讲究色、香、味、形、器、意均具上乘。 (　　)

7. 山东菜由以济南菜为代表的胶东风味、以青岛为代表的内陆风味、以曲阜菜为代表的孔府风味组成。 (　　)

8. 素菜在清代形成三大派别，分别是宫廷素菜、寺院素菜、民间素菜。 (　　)

9. 北京清宫菜中，名菜有鱼藏剑、龙须驼掌、炒豆腐老、荷包里脊等。 (　　)

10. 杭州仿宋菜中，名菜有东坡肘、水晶脍、群鲜羹、蟹酿橙等。 (　　)

任务九　中国风物特产

一、单项选择题

1. 在日本称“天目釉”的茶道精品陶瓷产于（　　）。
   A. 江西景德镇　B. 河北唐山　C. 山东淄博　D. 福建德化

2. 在国际市场上与印度大吉岭红茶、斯里兰卡乌伐红茶齐名，并称为世界三大高香红茶的是（　　）。
   A. 台红　B. 闽红　C. 滇红　D. 祁红

3. 湖南君山银针属于（　　）。
   A. 绿茶　B. 红茶　C. 黄茶　D. 白茶

4. 属于酱香型名酒的是（　　）。
   A. 贵州茅台　B. 五粮液　C. 汾酒　D. 桂林三花酒

5. 中国茶道形成于（　　）时期。
   A. 隋朝　B. 唐朝　C. 宋朝　D. 元朝

6. 我国“木雕之乡”“水晶之乡”“珊瑚王国”分别指（　　）。
   A. 浙江乐清、新疆和田、海南海域　B. 广东潮州、辽宁锦州、浙江海域
   C. 浙江东阳、江苏东海、台湾海域　D. 山东曲阜、新疆和田、辽宁海域

7. 下列不属于中国传统工艺三绝的是（　　）。
   A. 北京雕漆　B. 江西景德镇瓷器
   C. 福建脱胎漆器　D. 北京景泰蓝

8. 下列不属于中国三大古瓷的是（　　）。
   A. 福建德化　B. 江西景德镇　C. 福建建阳　D. 湖南醴陵

9．下列不属于世界三大饮料的是（　　）。
A．茶叶　　B．啤酒　　C．咖啡　　D．可可

10．下列不属于我国乌龙茶的主要产地的是（　　）。
A．云南　　B．台湾　　C．福建　　D．广东

二、判断正误并改错

1．中药材与国画、京剧并称为中国的三大国粹。（　　）
2．我国是世界上最早发现和使用茶叶的国家。（　　）
3．用白酒、葡萄酒或黄酒为酒基，再配合中药材配制的酒称为药酒，如山西的竹叶青。（　　）
4．我国四大名绣是苏绣、湘绣、粤绣、汉绣。（　　）
5．中国酒按照酿造方法可分为：蒸馏酒、发酵酒、配制酒、调制酒。（　　）
6．郎酒、茅台、武陵酒属于茅香型白酒。（　　）
7．黄山毛峰、白毫银针、洞庭碧螺春、西湖龙井均属于绿茶。（　　）
8．我国三大木版年画产地是天津杨柳青、江苏桃花坞、四川绵竹。（　　）
9．景德镇的四大传统名瓷是白瓷、青花瓷、粉彩瓷、高温颜色釉。（　　）
10．茶叶按初加工可分为：绿茶、红茶、乌龙茶、白茶、紧压茶和花茶六大类。（　　）

任务十　导游基础综合测试

导游文化基础知识

一、单项选择题

1．在我国古代科举考试中的“连中三元”之“三元”是指（　　）。
A．解元、举人、贡士　　B．解元、会元、状元
C．探花、榜眼、状元　　D．进士、赐进士出身、赐同进士出身

2．中国古代的“避讳”起源于（　　）。
A．周朝　　B．秦朝　　C．春秋战国时期　　D．汉朝

3．“阴阳”最早见于（　　），原指向日为阳，背日为阴，后扩展引申为事物的对立统一，并由此产生了我国古代朴素的辩证法。
A．《尚书》　　B．《论语》　　C．《易经》　　D．《左传》

4．帝王死后，根据他在皇族的世系，奉入祖庙祭祀，并追尊为某祖、某宗，这就是（　　）。
A．谥号　　B．徽号　　C．年号　　D．庙号

5．1920 年 1 月，浙江第一师范教员义乌人（　　）翻译了《共产党宣言》，这是我国最早的中文全译本。

A．陈望道　B．吴晗　C．冯雪峰　D．潘漠华

6．2010 年“政协”“人大”两会期间，温总理提到了现分藏于海峡两岸的《富春山居图》。这幅传世名作的作者是元朝的（　　）。

A．徐渭　B．赵孟頫　C．马远　D．黄公望

7．东吴时，吴心人（　　）是我国佛画之祖。

A．谢灵运　B．吴均　C．沈约　D．曹不兴

8．当代地质学家（　　）创建了一门新兴的地质学科——地质力学。

A．李四光　B．竺可桢　C．茅以升　D．钱学森

9．宋应星的（　　）被誉为“中国 17 世纪的工艺百科全书”。

A．《本草纲目》　B．《农政全书》

C．《徐霞客游记》　D．《天工开物》

10．西藏是在（　　）时成为我国版图内的一个正式行政区的。

A．汉朝　B．隋朝　C．唐朝　D．元朝

11．我国历史上的“靖康之变”发生在（　　）年。

A．1115　B．1125　C．1127　D．1206

12．隋炀帝杨广开始实行（　　），使庶族地主有了参政的机会。

A．均田制　B．“三省六部”制

C．九品中正制　D．科举考试制

13．李世民执政时期，政治清明，国力逐步强盛，史称（　　）。

A．贞观之治　B．开皇之治　C．开元盛世　D．文景之治

14．为培养儒学人才，西汉（　　）开始创办国家级最高学府太学。

A．汉文帝　B．汉景帝　C．汉武帝　D．光武帝

15．我国古代著名军事家（　　）总结战争经验，写出了著名的《孙子兵法》。

A．孙膑　B．孙武　C．卫青　D．霍去病

16．我国历史有确切纪年是从（　　）年开始的。

A．公元前 841　B．公元前 770　C．公元前 476　D．公元前 475

17. 传说黄帝会造屋宇、做舟车、制衣服，他的妻子（　　）教会人们养蚕缫丝。
A. 嫘祖　　B. 女娲　　C. 伶伦　　D. 仓颉

18. 迄今发现于我国境内最早的古人类是（　　）。
A. 北京人　　B. 山顶洞人　　C. 丁村人　　D. 元谋人

19. 下列关于北京人的描述，错误的有（　　）。
A. 身体各部位的进化不平衡，手的进化最快，头部仍保留较多的原始性
B. 北京人的语言已经形成
C. 他们能制造和使用简单的工具
D. 他们不仅能使用和控制火，而且能人工取火

20. 我国保留古代民主传统，实行“禅让”制是在下列哪个时期（　　）。
A. 母系氏族公社时期　　B. 黄帝、炎帝时期
C. 尧、舜、禹时期　　D. 夏桀、商纣时期

21. 商朝时期，盘庚把都城迁到殷，“殷”位于现在的（　　）。
A. 河南商丘　　B. 河南安阳　　C. 河南洛阳　　D. 河南开封

22. 下列国家中，不属于“战国七雄”的是（　　）。
A. 晋　　B. 楚　　C. 燕　　D. 韩

23. 春秋末年开凿的邗沟是我国最早的运河，它沟通的水系是（　　）。
A. 黄河和海河　　B. 海河和黄淮海
C. 淮河和长江　　D. 长江和钱塘江

24. 下列治世“①开皇之治；②光武中兴；③文景之治；④开元之治”，出现的先后顺序是（　　）。
A. ②③④①　　B. ②③①④　　C. ③②④①　　D. ③②①④

25. 我国历史上第一个到达印度取经的僧人是（　　）。
A. 法显　　B. 慧能　　C. 鉴真　　D. 玄奘

26. 北魏、西夏、辽、金分别是由下列哪些民族建立的（　　）。
A. 鲜卑、契丹、女真、党项　　B. 契丹、鲜卑、党项、女真
C. 鲜卑、党项、契丹、女真　　D. 鲜卑、契丹、党项、女真

27. “澶渊之盟”是北宋与下列哪国签订的（　　）。
A. 金　　B. 辽　　C. 西夏　　D. 蒙古

28. “乌泥泾被”是元朝人黄道婆把（　　）的纺织技术同汉族的技术结合生产出来的。
A. 傣族　　B. 白族　　C. 瑶族　　D. 黎族

29. 世界上最早的纸币“交子”出现于（　　）。
A. 唐朝　　B. 北宋　　C. 南宋　　D. 明朝

30. 下列书法家中，不属于“宋四家”的是（　　）。
A. 米芾　　B. 黄庭坚　　C. 赵佶　　D. 蔡襄

31. 白银成为普通流通的货币是在（　　）。
A. 北宋　　B. 南宋　　C. 明朝　　D. 清朝

32. 创立“心学”，主张“心外无物”的思想家是（　　）。
A. 王守仁　　B. 李贽　　C. 黄宗羲　　D. 王夫之

33. 清代浙东学派奠基人，提倡反对君主专制的是（　　）。
A. 顾炎武　　B. 龚自珍　　C. 章学诚　　D. 黄宗羲

34. 我国历史上最早的一部百科全书式类书是（　　）。
A.《四库全书》　　B.《古今图书集成》
C.《永乐大典》　　D.《农政全书》

35. 代表中国古代文言小说顶峰的作品是（　　）。
A.《红楼梦》　　B.《聊斋志异》　　C.《儒林外史》　　D.《金瓶梅》

36.《桃花扇》的作者是（　　）。
A. 汤显祖　　B. 洪昇　　C. 仇英　　D. 孔尚任

37. 中国近代史上第一个不平等条约是（　　）。
A.《北京条约》　　B.《南京条约》　　C.《天津条约》　　D.《马关条约》

38. 古代丝绸之路的开拓者是（　　）。
A. 唐代的玄奘　　B. 明代的郑和　　C. 西汉的司马迁　　D. 西汉的张骞

39. 古人常有字、号（或称“别号”），如辛弃疾字幼安，号（　　）。
A. 易安　　B. 稼轩　　C. 子昂　　D. 希文

40. 科举考试中的“乡试”在各（　　）举行。
A. 县城　　B. 省城　　C. 市　　D. 乡镇

41．我国第一部编年史巨著的作者是（ ）。
A．司马迁 B．班固 C．孔丘 D．司马光

42．“周文王”“汉高祖”“皇太后”“康熙”分别属于（ ）。
A．庙号、尊号、年号、谥号 B．尊号、年号、庙号、谥号
C．谥号、庙号、尊号、年号 D．谥号、尊号、庙号、年号

43．根据我国古代的“时辰”计时方法，上午 10 点应属于（ ）。
A．申时 B．巳时 C．卯时 D．亥时

44．仲春、季夏、孟秋、季冬分别是指哪几个月（ ）。
A．二月、六月、七月、十二月 B．一月、六月、八月、十二月
C．三月、六月、八月、十一月 D．一月、五月、八月、十一月

45．下列谥号中，属于平谥的是（ ）。
A．厉 B．炀 C．灵 D．闵

46．级别按由低到高的顺序排列正确的一组是（ ）。
A．童生、秀才、举人、贡士、进士 B．秀才、童生、举人、贡士、进士
C．童生、举人、秀才、进士、贡士 D．童生、秀才、贡士、举人、进士

47．被誉为中华“文明之祖”的是（ ）。
A．燧人氏 B．神农氏 C．黄帝 D．伏羲和女娲

48．古人在人际交往中，下对上、平辈之间，称（ ）。
A．名 B．字 C．绰号 D．别号

49．中国古代第一个年号是（ ）。
A．中大通 B．天册万岁 C．建元 D．洪熙

50．中国现存最大一部类书是（ ）。
A．《永乐大典》 B．《古今图书集成》 C．《四库全书》 D．《资治通鉴》

二、判断正误并改错

1. 中国的原始社会约有 100 多万年的历史，经历了血缘家族和父系氏族两个发展阶段。（ ）

2．仰韶文化以西安半坡遗址最为典型，在其精美的彩陶上有许多刻画符号，它可能是中国原始文字的萌芽。（ ）

3．我国最早的运河是春秋末年吴国开凿的邗沟；秦时开凿的京杭大运河使干旱的关中

平原得到了灌溉。（ ）

4．发现于河南安阳的商代司母戊大方鼎是世界迄今发现的最大的青铜器。（ ）

5．实行对偶婚是氏族产生的前提。（ ）

6．张骞出使西域是中国同西方欧洲国家直接友好交往的最早记录。（ ）

7．五行学说中，金克木，木克土，水生木，金生土。（ ）

8．东晋名僧鉴真是中国历史上第一个到达印度取经的人，著有《佛国记》，曾因遭风暴而到达今墨西哥西海岸，比哥伦布发现美洲大陆早 1000 年。（ ）

9．“律宗之祖”法显应日本同人所邀六次东渡终到日本，传播了唐朝文化。（ ）

10．公元 1206 年铁木真统一蒙古各部，建立蒙古汗国，被尊称为“成吉思汗”。（ ）

11．康熙、雍正、乾隆三朝经济繁荣，史称“开元盛世”；但为压制反清思想，清朝又大兴“文字狱”，加强思想控制。（ ）

12．明清两朝组织大量人力、物力整理编纂了许多类书、丛书，重要的有明朝的《永乐大典》，是我国历史上最早的一部百科全书式类书。（ ）

13．铁路工程技术专家詹天佑主持修建了第一条由中国人自行设计施工的铁路干线——京张铁路。（ ）

14．“三礼”即《周礼》《仪礼》和《礼记》，是中国古代有关政治制度和礼仪制度的三部儒家经典。（ ）

15．由对偶婚向一夫一妻制的变化是父权制度确立的标志。（ ）

16．西周时手工业发展较快，分工也很细，号称“百工”。（ ）

17．春秋战国时期，新兴的地主阶级为发展封建制，纷纷展开变法，其中秦国的商鞅变法最彻底。（ ）

18．世界上第一架测量地震方位的浑天仪是东汉人张衡发明的。（ ）

19．唐朝由盛转衰的转折点是“安史之乱”。（ ）

20．清朝的《古今图书集成》是我国现存的最大一部类书。（ ）

21．吴兴（今浙江湖州）人曹不兴被誉为我国的“佛画之祖”。（ ）

22．李渊的父亲名李虎，所以杭州的“虎林”改为“武林”；杜甫母亲名海棠，所以杜甫从未创作过描写海棠的诗，这都属于家讳。（ ）

23．谥号是和封建宗法祭祀制度相联系的一项称号。（ ）

24．连中“三元”（解元、会元、状元）即乡试、会试、殿试都取得第一名。（ ）

25．我国古代纪年方法有干支纪年，还有帝号纪年和年号纪年。（ ）

26．清朝编纂的《四库全书》是当时世界上最大的一部丛书。（ ）

27．儒家自春秋时期孔子始创，到战国时孟子加以发展，所以后人把儒家思想称为“孔孟之道”，成为中国传统文化的主干。（ ）

28．东汉时期的王羲之被称为“书圣”，其《兰亭集序》被誉为“天下第一行书”。（ ）

29．代表我国古代文言小说的最高峰是《红楼梦》。（ ）

30．四书五经中的“五经”是指《大学》《中庸》《论语》《孟子》《春秋》。（ ）

饮食文化

一、单项选择题

1．有“一菜一格，百菜百味”之誉的菜系是（　　）。
A．鲁菜　B．川菜　C．浙菜　D．粤菜

2．十分讲究清汤和奶汤的调制的菜系是（　　）。
A．湘菜　B．鄂菜　C．鲁菜　D．沪菜

3．经营素食的名店是（　　）。
A．西安曲江春　B．上海功德林　C．武汉老通城　D．苏州松鹤楼

4．孔府菜的代表名菜是（　　）。
A．清汤燕窝　B．蟹酿橙　C．东坡肘子　D．莲花鸡签

5．皖菜的代表菜是（　　）。
A．糟钵头　B．九转大肠　C．凤阳酿豆腐　D．腊味合蒸

6．闽菜的代表菜是（　　）。
A．带把肘子　B．鸡泥桃花鱼　C．太爷鸡　D．佛跳墙

7．沪菜的代表菜是（　　）。
A．炸佛手卷　B．驼蹄羹　C．生煸草头　D．三套鸭

8．西安的仿唐菜点是（　　）。
A．烧臆子　B．诗礼银杏　C．同心生结脯　D．焙面

9．广东的风味小吃是（　　）。
A．豌豆黄　B．蚝仔煎　C．娥姐粉果　D．刀削面

10．杭州的仿宋菜点是（　　）。
A．两色腰子　B．蟹酿橙　C．怀抱鲤　D．一品锅

11．回族不吃（　　）。
A．猪肉　B．羊肉　C．骆驼肉　D．牛肉

12．朝鲜族的传统菜肴是（　　）。
A．泡菜　B．白肉血肠　C．手扒羊肉　D．八大乌参

13. “老童家腊羊肉”是（　　）的名菜。
A. 福建　B. 湖北　C. 陕西　D. 河南

14. 有“尚滋味”“好辛香”调味传统的是（　　）。
A. 湘菜　B. 鄂菜　C. 川菜　D. 徽菜

15. 具有海派风味的是（　　）。
A. 京菜　B. 沪菜　C. 粤菜　D. 闽菜

16. 粤菜的代表菜是（　　）。
A. 三套鸭　B. 炒西施舌　C. 醋芹　D. 白云猪手

17. 我国最大、最精湛的官府菜是（　　）。
A. 孔府菜　B. 随园菜　C. 红楼菜　D. 谭家菜

18. 都市饮食市场的形成与发展空前繁荣是在（　　）。
A. 周代　B. 汉代　C. 唐代　D. 宋代

19. 全国各地以鸡为原料的菜中有很多名菜，如叫花鸡、太爷鸡、麻辣仔鸡，上述三道菜所属的菜系依次是（　　）。
A. 浙江、广东、河南　B. 江苏、山东、四川
C. 上海、安徽、四川　D. 江苏、广东、湖南

20. 下列四种口味特点中，属于浙江风味的是（　　）。
A. 以咸鲜香为主　B. 以咸鲜为主
C. 重辣酸香鲜软脆　D. 重鲜嫩清脆

21. 下列四种口味特点中，属于山东口味的是（　　）。
A. 重鲜嫩清脆　B. 清脆鲜爽嫩滑而突出原味
C. 以咸鲜香为主　D. 以咸鲜为主

22. 下列面食中，不属于“山西四大名面”的是（　　）。
A. 臊子面　B. 刀削面　C. 拉面　D. 拨鱼面

23. 四大菜系中，发源于珠江流域的是（　　）。
A. 鲁菜　B. 粤菜　C. 淮扬菜　D. 川菜

24. 我国众多少数民族菜中形成最早也最具特色的是（　　）。
A. 蒙古族菜　B. 回民清真菜　C. 藏族菜　D. 朝鲜族菜

25．我国面点制作历史悠久，利用发酵技术制作馒头源于（　　）。
A．周朝　　B．汉朝　　C．唐朝　　D．宋朝

二、判断正误并改错

1．我国历史上最早的一篇烹饪理论著作是《本味篇》。（　　）
2．我国现存最早的食疗专论是《黄帝内经》。（　　）
3．皖菜向来以烹饪山珍野味而著称，讲究火功，火大油重，保持原汁原味。（　　）
4．清代将素菜分为三个派别，即寺院素食、官府素食和民间素食。（　　）
5．我国的面点及风味小吃可分为南味、北味两大风味，广式、苏式两大流派。（　　）
6．冷面、狗肉火锅、泡菜、生拌鲜鱼片等都是朝鲜族的传统菜肴。（　　）
7．蒙古族“塞北三珍”是指冬虫夏草炖雪鸡、人参果酥油大米饭、蘑菇炖羊肉。（　　）
8．《随园食单》的作者袁枚十分讲究“食不厌精、脍不厌细”的饮食原则，对后世的饮食观产生极其重要的影响。（　　）
9．陶器的发明标志着烹饪技术的第一次飞跃，人类真正进入了烹饪时代。（　　）
10．浙菜的代表菜西湖醋鱼、宋嫂鱼羹、干炸响铃都诞生于南宋时期。（　　）
11．八珍是周代宫廷名菜，对后代影响深远，成为烹饪中特定的名词。（　　）
12．鲁菜由济南和胶东地方菜发展而成，济南由于海产品丰富，故以烹饪海鲜而驰名。（　　）
13．宁波菜入口香酥绵糯，汤浓味重，富有乡村风味。（　　）
14．杭州菜善烹淡水鱼虾，菜肴制作精细，具有清鲜、爽脆、清雅精致的特点。（　　）
15．清宫膳食是中国传统饮食文化最高成就的标志。（　　）
16．满族有养蜂采蜜的传统，较擅长制作蜜制品。（　　）
17．“点心”这一名称的出现是在宋代。（　　）
18．我国的西北地区的回民清真菜，对羊肉和鸭的制作有独特之处。（　　）
19．我国素菜的大发展是在明清时期。（　　）
20．宋代是我国都市饮食市场的形成和发展空前繁荣时期。（　　）

中国古代建筑

一、单项选择题

1．在以下中国名桥中，集桥、亭、廊、于一身的是（　　）。
A．程阳永济桥　　B．北京卢沟桥　　C．江苏宝带桥　　D．福建洛阳桥

2．在四方之神中，代表南方之神的是（　　）。
A．青龙　　B．白虎　　C．朱雀　　D．玄武

3．在古代建筑装饰中，蝙蝠和云朵组成的图案其吉祥寓意是（　　）。
A．福寿如意　　B．福从天来　　C．富贵万年　　D．富贵平安

4．在我国古代名桥中，孔数最多的连拱石桥是（　　）。
A．河北赵州桥　　B．北京卢沟桥　　C．江苏宝带桥　　D．福建洛阳桥

5．中国的古代建筑按屋顶的建筑形式区分，以下从高到低排列正确的是（　　）。
A．重檐庑殿顶，重檐攒尖顶，悬山顶，硬山顶
B．单檐庑殿顶，重檐歇山顶，悬山顶，硬山顶
C．重檐攒尖顶，单檐歇山顶，硬山顶，悬山顶
D．单檐庑殿顶，单檐歇山顶，硬山顶，悬山顶

6．以下关于宫殿外陈设的叙述，错误的是（　　）。
A．石狮摆放一般左雌右雄　　B．嘉量象征着国家的统一和强盛
C．日晷是用来显示时间的工具　　D．华表起源于墓碑

7．我国的历史上规模最大的长城是（　　）。
A．秦长城　　B．楚长城　　C．汉长城　　D．明长城

8．故宫博物院成立于（　　）。
A．1919 年　　B．1925 年　　C．1949 年　　D．1987 年

9．沈阳故宫东、中、西路重要建筑依次是（　　）。
A．崇政殿，文溯阁，大政殿　　B．大政殿，文溯阁，崇政殿
C．大政殿，崇政殿，文溯阁　　D．崇政殿，大政殿，文溯阁

10．我国现存年代最早的砖塔是（　　）。
A．登封嵩岳寺塔　　B．大理千寻塔
C．西安大雁塔　　D．西安小雁塔

11．北京妙应寺塔与真觉寺塔分别属于（　　）。
A．楼阁式塔，密檐式塔　　B．密檐式塔，楼阁式塔
C．金刚宝座塔，覆钵式塔　　D．覆钵式塔，金刚宝座塔

12．中国古代建筑的色彩中等级最高的是（　　）。
A．金色　　B．红色　　C．紫色　　D．蓝色

13．以下几组图案中与寓意不相符的是（　　）。
A．石榴——子孙满堂　　B．蝙蝠、云朵——福从天来
C．松、鹤——延年益寿　　D．牡丹、水仙——富贵万年

14. 世界上现存最早的敞肩桥是（　　）。
A. 赵县安济桥　B. 苏州宝带桥　C. 泉州洛阳桥　D. 北京卢沟桥

15. 中国传统建筑的屋顶有等级差异，以下屋顶中等级位居第二的屋顶是（　　）。
A. 单檐庑殿顶　B. 单檐歇山顶　C. 重檐庑殿顶　D. 重檐歇山顶

16. 山西应县木塔、河南登封嵩岳寺塔、北京妙应寺塔、北京真觉寺塔依次属于（　　）塔。
A. 楼阁式、密檐式、覆钵式、亭子式
B. 楼阁式、密檐式、覆钵式、金刚宝座式
C. 亭子式、密檐式、覆钵式、金刚宝座式
D. 楼阁式、亭子式、覆钵式、金刚宝座式

17. 屋面双坡、两侧伸出山墙之外，屋面上有一条正脊和四条垂脊，这种形式的屋顶称为（　　）。
A. 庑殿顶　B. 歇山顶　C. 悬山顶　D. 硬山顶

18. 在南京保存的四座城门中，（　　）是我国现存最大、最为完整的堡垒瓮城。
A. 聚宝门　B. 石城门　C. 神策门　D. 清凉门

19. 册封帝王的陵墓因时代不同而不同，全对的一组是（　　）。
A. 秦汉两代为"方上"、唐代改为"以山为陵"、宋代恢复"方上"、明清两代是"宝城宝顶"形式
B. 秦汉两代为"方上"、唐代改为"以山为陵"、宋代恢复"以山为陵"、明清两代是"宝城宝顶"形式
C. 秦汉两代为"宝城宝顶"、唐代改为"方上"、宋代恢复"以山为陵"、明清两代是"以山为陵"形式
D. 秦汉两代为"宝城宝顶"、唐代改为"宝城宝顶"、宋代恢复"以山为陵"、明清两代是"方上"形式

20. 北京故宫始建于公元1406年，历时14年才完工，明清两代的皇宫。有（　　）皇帝相继在此登基执政。
A. 24位　B. 13位　C. 34位　D. 27位

21. 洛阳桥是北宋郡守蔡襄主持修建的，位于（　　）。
A. 福建省　B. 河北省　C. 河南省　C. 广东省

22. 在下列我国著名的古城池中，具有浓厚的民族特色，同时融合了外来建筑特色的是（　　）。
A. 江苏南京城　B. 陕西西安城　C. 云南丽江城　D. 山西平遥城

23．在下列我国著名的古城池中，城内街道、楼市、商店等均保留原有形制，是研究明代县城建制实物资料的古城为（　　）。

A．江苏南京城　B．陕西西安城　C．云南丽江城　D．山西平遥城

24．北京故宫的主要建筑是（　　），是皇帝举行重大国典的地方。

A．太和殿　B．交泰殿　C．中和殿　D．保和殿

25．大约从（　　）开始，出现“封土为坟”的做法。

A．夏朝　B．商朝　C．周朝　D．秦朝

26．湖南长沙马王堆的西汉墓，属于（　　）。

A．土穴墓　B．木椁墓　C．空心砖墓　D．石室墓

27．“七帝八陵”是（　　）特色。

A．北宋陵　B．南宋陵　C．清东陵　D．清西陵

28．以“三王文章”著称的是以下哪座名楼（　　）。

A．黄鹤楼　B．岳阳楼　C．滕王阁　D．鹳雀楼

29．我国现存最古老、最高的一座木构大塔是（　　）。

A．西安大雁塔　B．西安小雁塔

C．河南登封嵩岳寺塔　D．山西应县佛宫寺释迦塔

30．由尼泊尔青年匠师阿尼哥设计的塔是（　　）。

A．西安大雁塔　B．北京妙应寺白塔

C．北京真觉寺金刚宝座塔　D．山西应县佛宫寺释迦塔

31．下列古桥中，建筑年代最早的是（　　）。

A．河北赵州桥　B．北京卢沟桥　C．江苏宝带桥　D．福建洛阳桥

32．为了使桥基和桥墩石胶结牢固，采用“种蛎固基法”的是（　　）。

A．河北赵州桥　B．北京卢沟桥　C．江苏宝带桥　D．福建洛阳桥

33．在我国现存比较完好的古代城池建筑中，（　　）城垣内侧周长不仅是全国第一，还是世界第一。

A．西安城墙　B．南京城墙　C．平遥城墙　D．丽江古城

34．中国古代建筑室内天花板上的装饰是（　　）。

A．山花　B．藻井　C．斗拱　D．鸱吻

35．福建西部的特色民居为（　　）。

A．窑洞　　B．碉房　　C．土楼　　D．竹楼

二、判断正误并改错

1．我国现存最早的木结构建筑实物是唐代建筑，如山西五台山南禅寺和佛光寺的部分建筑。（　　）

2．清代帝王陵全部集中在辽宁和河北两省境内。（　　）

3．歇山顶是庑殿顶和悬山顶的结合，由一条正脊、四条垂脊和四条戗脊组成，故又称为九脊顶。（　　）

4．在古建筑中，建筑的迎面间数一般称为“开间”，建筑的纵深间数称为“进深”。（　　）

5．南京城墙是在隋唐时期古城墙的基础上修建的明代城墙。（　　）

6．华表起源于木制的墓碑，后来君主又让人们在其上面刻写意见，称其为“华表木”。（　　）

7．北京故宫三大殿中，太和殿又称为“金銮殿”，是举行重大国典之处；乾清宫则是清后期皇帝举行殿试的场所。（　　）

8．文溯阁是专为收藏《四库全书》而建，其建筑形式仿宁波天一阁。（　　）

9．自产生灵魂观念以来，人们有了筑坟的念头。大约从商代开始，出现“封土为坟”的做法。（　　）

10．帝王陵的地面建筑主要由祭祀建筑区、神道和护陵监三部分组成。（　　）

11．我国古代的墓室结构依次经历了土穴墓、砖石墓和木椁三个发展阶段。（　　）

12．古代江南三大名楼是：黄鹤楼、岳阳楼和鹳雀楼。（　　）

13．中国古代建筑，从建筑等级上划分，可分为大式、中式、小式三个类型。（　　）

14．天安门前的五座金水桥中，供皇帝和亲王通行的分别叫御路桥和王公桥。（　　）

15．我国古代建筑装饰彩画主要有三种，按等级从高到低排列，依次为和玺彩画、苏式彩画和旋子彩画。（　　）

16．祭天、地、日、月等活动都在郊外进行，统称郊祭。（　　）

17．安济桥坐落在北京的永定河上。（　　）

18．秦始皇陵位于西安临潼区，北宋帝陵位于河南开封境内。（　　）

19．中国古代建筑以石结构为主，并辅以砖瓦。（　　）

20．我国古代建筑可分为官式建筑和民式建筑两大类，官式建筑以古代都城为代表，民式建筑以江南地区为代表。（　　）

21．古建筑装饰或陈设中，鼎与鹤、龟合起来意为江山永固。（　　）

22．南京城墙为明代所建，其规模、质量不仅居我国各大古城之冠，而且在世界城池建筑史上亦属罕见。（　　）

23．在中国古代木架结构中，宫殿、坛庙、寺院等大型建筑物常采用抬梁式。（　　）

24．居庸关位于北京昌平区，其名称始于汉代。（　　）

25．社稷坛以五色土上覆盖坛面，以象征“普天之下，莫非王土”，并祈求风调雨顺、五谷丰登。（　　）

26．唐乾陵是唐代第三个皇帝高宗李治和女皇武则天的合葬墓。（　）
27．我国古城的城垣一般有两重，外面的称城，里面的称郭。（　）
28．吉祥缸也叫门海，置于宫前盛满清水，有以水克火之意。（　）
29．神道两侧的石像主要是起仪仗、驱魔、保卫作用，它的形成源于《周礼》。（　）
30．北京故宫内建有三座花园，其中包括宁寿宫花园和御花园。（　）
31．天坛南边围墙左右两角呈弧形，北边围墙左右两角呈方形，以象征古人“天圆地方”的观念。（　）
32．地坛又名方泽坛，始建于明代，呈正方形。（　）
33．汉茂陵是汉武帝刘彻的陵墓，位于陕西兴平县，周围有霍去病、卫青等许多陪葬墓。（　）
34．明长陵为朱棣之陵，位于北京昌平。（　）
35．天安门前的五座金水桥中，刻有莲花图案的桥称为级桥，供三品以上官员通行。（　）
36．古代规定，五品以下官员不允许在其所居住的建筑物门前放石狮。（　）
37．唐代规定三品以下的官员住所房屋阔间数不得超过5间。（　）
38．建筑物的形状，唐宋以前以方形等级最高，明清以圆形等级最高。（　）
39．《营造法式》是唐朝政府为了管理宫室、坛庙、官署、府第等建筑工程而颁行的，是上述各种建筑的设计、结构、用料和施工的“规范”。（　）

中国古代园林

一、单项选择题

1．在扬州瘦西湖划船，远方的主景是白塔，通向白塔的两岸是长堤春柳。从湖中看两岸长堤春柳与远方白塔形成的构景手法是（　）。

A．对景　　B．夹景　　C．借景　　D．添景

2．透过葡萄、石榴、老梅、修竹等图案的窗隙，可见园外的美景，这类窗户的构景作用是（　）。

A．对景　　B．障景　　C．借景　　D．漏景

3．北京颐和园内，在昆明湖和万寿山之间的湖畔种有不少垂柳，这些垂柳的构景作用是（　）。

A．抑景　　B．框景　　C．借景　　D．添景

4．在上海大观园内，登大观楼可观赏怡红院、潇湘馆、蘅芜院；同样，登怡红院、潇湘馆、蘅芜院也可观赏大观楼，这种构景手法称（　）。

A．对景　　B．障景　　C．借景　　D．添景

5. 南京中山陵、北京颐和园、北京中山公园分别属于（　　）。
A. 规则式园林、混合式园林、自然式园林
B. 规则式园林、自然式园林、混合式园林
C. 混合式园林、规则式园林、自然式园林
D. 自然式园林、混合式园林、规则式园林

6.《园冶》是中国古代造园专著，作者为著名造园家（　　）。
A. 陈丛周　B. 蒯祥　C. 喻皓　D. 计成

7. 北京颐和园中的谐趣园是仿照（　　）而建的。
A. 寄畅园　B. 个园　C. 可园　D. 清晖园

8. 上海豫园鱼乐榭有一上实下空的墙，遮挡了原来流水较近的短处，产生了源远流长的效果，这是（　　）的神来之笔。
A. 抑景　B. 框景　C. 障景　D. 借景

9. 中国古典园林中，借景的方法有多种，如池塘中的鱼称为（　　）。
A. 远借　B. 邻借　C. 仰借　D. 俯借

10. 中国古典园林发展的转折点是在（　　）。
A. 春秋战国时期　B. 秦汉时期
C. 魏晋南北朝时期　D. 唐宋时期

11. 中国古典园林的成熟阶段是在（　　）。
A. 春秋战国时期　B. 秦汉时期
C. 魏晋南北朝时期　D. 唐宋时期

12. 我国私家园林多与历史名人有关，与李清照相关的是（　　）。
A. 苏州拙政园　B. 绍兴沈园　C. 济南漱玉泉　D. 成都望江楼

13.（　　）类建筑是全园的野境、画境、意境的汇集点。
A. 厅堂　B. 楼阁　C. 亭榭　D. 馆斋

14. 登上杭州花港观鱼的藏山阁，远处的南屏山，西山层林尽入眼帘，这是（　　）。
A. 抑景　B. 借景　C. 框景　D. 添景

15. 用山、石、花等将园林中一些不足或丑陋之处加以掩盖或处理，使之变成一种美景的方法叫（　　）。
A. 框景　B. 夹景　C. 障景　D. 抑景

16. 当某风景点在远处，如果两侧用建筑物或树林花卉屏障起来，使此风景点更显出诗情画意，这种构景手法叫（　　）。

A. 夹景　　B. 框景　　C. 透景　　D. 借景

17. 在颐和园后山的苏州河中划船，远方的苏州桥主景，为两岸起伏的土山和美丽的林带所夹峙，构成明媚动人的景色，这属于造园手法中的（　　）。

A. 抑景　　B. 框景　　C. 夹景　　D. 添景

18. 我国现存占地面积最大的帝王宫苑是（　　）。

A. 颐和园　　B. 承德避暑山庄　　C. 拙政园　　D. 清晖园

19. 著名太湖石“玉玲珑”是（　　）的主要景观之一。

A. 可园　　B. 豫园　　C. 个园　　D. 留园

20. 引渭水作长池，并在池中筑蓬莱山以象征神山仙境的上林苑是由（　　）下令修建的。

A. 汉武帝　　B. 唐太宗　　C. 秦始皇　　D. 康熙皇帝

21. 站在杭州白堤垂柳下观赏远景时，西湖美景因为有倒挂的柳丝作为装饰而生动起来，这就是造园手法中的（　　）。

A. 抑景　　B. 框景　　C. 借景　　D. 添景

22. 园名出自于王羲之的诗句“三春启群品，寄畅在所因”的寄畅园在（　　）。

A. 无锡　　B. 苏州　　C. 东莞　　D. 杭州

23. 以下选项中与陆游、唐琬的爱情故事有关的园林景观是（　　）。

A. 避暑山庄　　B. 绍兴沈园　　C. 济南漱玉泉　　D. 成都望江楼

24. 豫园位于上海南市区城隍庙，始建于明代，园主为（　　）。

A. 徐泰时　　B. 潘允端　　C. 黄应泰　　D. 石涛

25. 江南奇石“冠云峰”在（　　）内。

A. 苏州拙政园　　B. 苏州留园　　C. 杭州竹素园　　D. 上海豫园

26. 被园林专家誉为“造园者未见此山，正如学诗者不知李杜”的假山为（　　）。

A. 上海豫园的玉玲珑　　B. 苏州留园的冠云峰

C. 杭州竹素园的绉云峰　　D. 苏州环秀山庄的假山

27. 建于北宋的苍浪亭是苏州四大园林之一，它的特色是（　　）。

A. 以假山著称

B．以对比、借景取胜
C．未入园林先成景
D．以竹为植物主景，四季假山别具特色

28．中国园林中最早被列入《世界遗产名录》的一处是（　　）。
A．避暑山庄　　B．颐和园　　C．拙政园　　D．豫园

29．下列同属晚清时期的园林是（　　）。
A．何园、个园、寄畅园、豫园
B．清晖园、狮子林、寄畅园、可园
C．清晖园、可园、十二石斋、馀荫山房
D．颐和园、拙政园、留园、网师园

30．园林入口处常迎门饰以假山，该假山的构景作用是（　　）。
A．抑景　　B．障景　　C．借景　　D．添景

31．无锡寄畅园因园外惠山的景色而显得更加秀丽，产生这一效果的构景手法是（　　）。
A．抑景　　B．障景　　C．借景　　D．添景

32．坐在苏州网师园的集虚斋内，透过月洞门可见园内的假山、花木等美景，该月洞门的构景作用是（　　）。
A．抑景　　B．框景　　C．借景　　D．添景

33．下列园林中属于江南园林的一组是（　　）。
A．拙政园、留园、个园、寄畅园　　B．可园、豫园、个园、沧浪亭
C．留园、颐和园、寄畅园、退思园　　D．清晖园、狮子林、网师园、拙政园

34．杜甫的两句诗“窗含西岭千秋雪，门泊东吴万里船”，体现出的是（　　）的效果。
A．抑景　　B．框景　　C．添景　　D．对景

二、判断正误并改错

1．世界各国的园林大致可分为两大类：一类是20世纪以前的欧洲几何规则式园林，另一类是中国的自然式山水风景园林。（　　）
2．中西方园林都发端于狩猎。（　　）
3．中国古典园林重在体现均衡对称的观念，而西方园林重在表现人文的力量。（　　）
4．厅堂是待客与集会活动的场所，是园林的主体建筑。（　　）
5．春秋战国时期，园林已经有了成组的风景，出现了以宫廷建筑为主的公苑。（　　）
6．唐宋时期，中国园林进入转折期，官僚、文人自建园林和或参与造园工作，将诗与

画融入园林的布局与造景中。（ ）

7. 以园林所处地理位置分，中国古典园林可分为三种类型，即北方类型、扬子江类型和岭南类型。（ ）

8. 以园林的艺术风格分，中国古典园林可分为规划式园林、自然式园林和风景式园林。（ ）

9. 中国古典园林理水之法一般包括掩、隔、合三种。（ ）

10. 苏州沧浪亭的复廊，拙政园的水廊，留园的曲廊被誉为“江南三大名廊”。（ ）

11. 苏州留园的冠云峰、上海豫园的玉玲珑，以及杭州竹素园的瑞云峰有“江南三大名石”的美誉。（ ）

12. 苏州的拙政园，按其占有者身份划分，属私家园林；按其所处地理位置划分，属类型园林。（ ）

13. 中国古典园林通过综合性的艺术手段，造就了人们获得理想美的深邃意境，如私家园林以梅、兰、荷、菊这“花中四君子”和松、竹、梅“岁寒三友”等来象征文雅清高和向往桃源隐居之乐的意境。（ ）

14. “亭”古代有停止的意思，它是供人休息、纳凉、避雨和观赏四周景色的建筑。（ ）

15. 中国古典园林具有艺术观赏价值，又具有历史文化和科学研究价值，具有求乐、求美、求新、求知等多方面的旅游功能。（ ）

16. 中国古典园林是大自然山水形象的艺术再现，它的主要组成要素是山、水、植物、建筑、动物、匾额、楹联与刻石等。（ ）

17. 中国古典园林叠山的根本目的是起到登高望远、扩大空间的作用。叠山的石材主要有两种，一是浙江武康的花岗岩，质地坚硬，用于假山的基础部分，称叠脚；二是太湖石，置于假山的上部，供游人玩赏品味，称收顶。（ ）

18. 在园林中，亭还起着“点景”与“引景”的作用。（ ）

19. 自然式园林对花木的选择有三个标准，即要求姿美、花美和色美。（ ）

20. 古代诗人王维在辋川别业中养鹿植梅，是为了寄托“一生几经伤心事，不向空门何处销”的解脱情趣。（ ）

21. 中国古人给一些植物也赋予了精神品质，如牡丹、桂花象征荣华富贵，石榴象征子孙满堂，兰花象征高官厚禄。（ ）

22. 颐和园由万寿山和昆明湖组成，占地面积 290 公顷，1994 年被列入《世界遗产名录》。（ ）

23. 苏州园林是中国风景园林集艺术、自然、构思之美而营造出和美宁静意境的杰作，其四大历史名园是沧浪亭、网师园、拙政园和留园。（ ）

24. 轩，取自杜牧“层轩皆面水，老树饱经霜”的诗意。（ ）

25. 中国古代营造园林，早在秦汉时期就有了人为造山的先例。（ ）

26. 豫园位于上海南市区城隍庙，园主原为潘允端，该园为其以“豫悦老亲”名义而建。（ ）

27. 舫是依照舟船造型的建筑，常建于水际或池中。南京煦园的香洲是太平天国天王府的遗物，苏州拙政园不系舟是舫中佼佼者。（ ）

28. 中国古典园林的观赏方法讲究游与赏的结合。（ ）

29．承德普宁寺的大乘之阁有一尊高二十二米的千眼观世音菩萨雕像，这是我国最大的木雕佛像。（　　）

30．阁楼式园林中的两类建筑是否有平座是楼与阁的主要区别。（　　）

31．廊是围合空间的结构，不仅有交通功能，还有观赏的用途。（　　）

32．杭州西湖北面宝石山上的保俶塔，与南面重建的雷峰塔，是一组绝妙的对景。（　　）

33．寄畅园之名取自白居易的“三春启群品，寄畅在所因”。（　　）

中国旅游地理

一、单项选择题

1．自然保护区是指保护（　　）两大部分，即保护人类生存的大环境和这个环境中的一切资源。

A．动物和植物　　B．自然资源和人文资源

C．自然环境和人文环境　　D．自然环境和自然资源

2．杭州西湖、云南滇池、长白山天池和黑龙江五大连池分别是（　　）。

A．潟湖、构造湖、火山口湖、火山堰塞湖

B．风成湖、冰川湖、河成湖、潟湖

C．火山堰塞湖、构造湖、火山口湖、风成湖

D．潟湖、火山口湖、构造湖、火山堰塞湖

3．我国最大的堰塞湖是（　　）。

A．镜泊湖　　B．五大连池　　C．长白山天池　　D．草海

4．长江三峡中以幽深著称的是（　　）。

A．瞿塘峡　　B．西陵峡　　C．巫峡　　D．龙山峡

5．五岳中以秀丽著称的是（　　）。

A．泰山　　B．华山　　C．衡山　　D．恒山

6．“海右此亭古，济南名士多”中的“亭”指的是（　　）。

A．历下亭　　B．兰亭　　C．醉翁亭　　D．陶然亭

7．“醉翁亭”亭名的由来与我国著名文学家（　　）有关。

A．苏东坡　　B．李白　　C．欧阳修　　D．杜甫

8．“四面荷花三面柳，一城山色半城湖”概括了（　　）的景观特色。

A．瘦西湖　　B．大明湖　　C．玄武湖　　D．洱海

9．我国水流量最大的瀑布是（　　）瀑布。
A．黄果树　B．壶口　C．蛟龙　D．诺日朗

10．我国于（　　）建立了第一个自然保护区。
A．1950 年　B．1956 年　C．1953 年　D．1959 年

11．“两岸花柳全依水，一路楼台直到山”描写的是（　　）的风景画卷。
A．瘦西湖　B．大明湖　C．玄武湖　D．洱海

12．清代刘鹗《老残游记》中“家家泉水，户户垂杨”描写的是（　　）的景色。
A．镇江　B．北京　C．福建　D．济南

13．在下列四组名泉中，其中均有“天下第一泉”之誉的一组是（　　）。
A．镇江金山泉、无锡惠山泉、杭州虎跑泉、济南趵突泉
B．镇江金山泉、无锡惠山泉、苏州观音泉、济南趵突泉
C．镇江中泠泉、北京玉泉、苏州观音泉、济南趵突泉
D．镇江中泠泉、庐山谷廉泉、北京玉泉、济南趵突泉

14．“神鹰护鞭”一景位于（　　）。
A．龙虎山　B．三清山　C．武陵源　D．神农架

15．享有“温泉城”美称的是（　　）。
A．北京　B．福州　C．西安　D．昆明

16．具有“华中屋脊”名称的名山是（　　）。
A．三清山　B．神农架　C．武当山　D．黄山

17．不属于“晋祠三绝”的是（　　）。
A．宋彩塑侍女像　B．鱼沼飞梁
C．难老泉　B．周柏隋槐

18．黄山“四绝”是指（　　）。
A．怪石、奇松、云海、温泉　B．怪石、奇松、飞瀑、云海
C．怪石、清泉、毛峰、云海　D．奇松、温泉、云海、灵芝

19．我国保护大熊猫、扬子鳄、银杉、红树林的自然保护区依次是（　　）。
A．神农架、梵净山、肇庆、长白山　B．卧龙、宣城、金佛山、东寨港
C．神农架、梵净山、金佛山、东寨港　D．卧龙、长白山、梵净山、神农架

20．在（　　）可以看到我国的红树林海岸。
A．福建、山东、台湾、广东　　B．海南岛、台湾、广东、江苏
C．福建、台湾、广东、江苏　　D．福建、台湾、广东、海南岛

21．我国最高（指瀑布落差最大）的瀑布是（　　）瀑布。
A．黄果树　B．壶口　C．蛟龙　D．诺日朗

22．五岳中以“峻”闻名的是（　　）。
A．泰山　B．嵩山　C．恒山　D．衡山

23．长江三峡中以“雄伟”著称的是（　　）。
A．西陵峡　B．巫峡　C．瞿塘峡　D．虎跳峡

24．中国古人以兰花象征（　　）。
A．人品清逸，气节高尚　　B．坚强和长寿
C．洁净无瑕　　C．幽居隐士

25．“银苍玉洱”的意思是（　　）。
A．洱海与北岸的苍山相辉映　　B．洱海与东岸的苍山相辉映
C．洱海与南岸的苍山相辉映　　D．洱海与西岸的苍山相辉映

26．海南亚龙湾海岸类型属于（　　）。
A．沙质海岸　B．岩质海岸　C．沙岩交替型海岸　D．生物海岸

27．许多植物寄托着古今人类的感情和理想，具有一定的民族性，如苍松、竹、梅、荷分别表示（　　）。
A．刚直、清高、虚心；高洁、刚强、长寿；坚骨、孤高；洁身自好
B．高洁、刚强、长寿；刚直、清高、虚心；坚骨、孤高；洁身自好
C．坚骨、孤高；刚直、清高、虚心；高洁、刚强、长寿；洁身自好
D．洁身自好；刚直、清高、虚心；高洁、刚强、长寿；坚骨、孤高

28．晴朗的天气，适宜的旅游温度是（　　），会使旅游者身心舒畅精力充沛地去旅游。
A．16℃～17℃　B．17℃～18℃　C．18℃～19℃　D．19℃～20℃

29．天台晓日、太清水月、草堂烟雾、西山晴雪奇观分别在（　　）。
A．九华山、崂山、陕西、北京　　B．天台山、陕西、四川、崂山
C．天台山、崂山、四川、北京　　D．九华山、陕西、湖南、天台山

30．吉林长白山、四川卧龙大熊猫保护区、湖南武陵源、黑龙江五大连池分别是（　　）自然保护区。
A．生物型、综合型、自然历史遗迹型、自然风景型

B. 自然历史遗迹型、自然风景型、生物型、综合型
C. 综合型、生物型、自然风景型、自然历史遗迹型
D. 自然风景型、生物型、综合型、自然历史遗迹型

31. 被后人传颂为“五岳归来不看山，黄山归来不看岳”源自（　　）对黄山的赞誉。
A. 徐霞客　B. 沈括　C. 苏东坡　D. 白居易

32. 有“无峰不奇、无石不峭、无寺不古”之誉的是（　　）。
A. 千山　B. 武当山　C. 峨眉山　D. 龙虎山

33. 传说“韩愈投书处”在华山的（　　）。
A. 回心石　B. 千尺幢　C. 百尺峡　D. 苍龙岭

34. 庐山（　　）是朝看日出、夜赏渔火、波光月色的最佳之地。
A. 牯岭　B. 含鄱口　C. 五老峰　D. 东林寺

35. “溪曲三三水，山花六六峰”描绘的是（　　）的秀美景色。
A. 武夷山　B. 雁荡山　C. 千山　D. 阿里山

36. 哈尔滨把每年的（　　）定为“冰雪节”。
A. 12 月 1 日　B. 12 月 5 日　C. 1 月 1 日　D. 1 月 5 日

37. 以下省份中黄河、长江都流经的是（　　）。
A. 甘肃　B. 四川　C. 陕西　D. 河南

38. 整个景区都保留着天然未凿的原始美，被誉为“人间仙境”或“童话世界”的是（　　）。
A. 阿里山风景区　B. 武陵源风景区
C. 黄龙风景区　D. 九寨沟风景区

39. 我国唯一的蝮蛇保护区蛇岛位于（　　）。
A. 大连海滨　B. 青岛海滨　C. 厦门海滨　D. 三亚海滨

40. 古代帝王来泰山封禅告祭时居住和举行大典的地方是（　　）。
A. 玉皇顶　B. 碧霞祠　C. 岱庙　D. 南天门

41. 下列选项中堪称当今世界规模最大、保存最完好的喀斯特地貌之经典的是（　　）。
A. 桂林山水　B. 路南石林　C. 黎平天生桥　D. 黄龙石灰岩

42．“中国的北极村”在我国东北的（　　）。
A．漠河县　　B．呼玛县　　C．塔河县　　D．黑河市

43．观赏钱塘潮的最佳时机是在农历的（　　）。
A．六月十八　　A．七月十八　　C．八月十八　　D．九月十八

44．世界上最大的天坑群被发现于我国的（　　）。
A．广西乐业　　B．奉节县小寨　　C．张家界天门山　　D．重庆武隆县

45．山海关因位于（　　）和（　　）之间故得此名。
A．太行山，渤海　　B．燕山，渤海
C．燕山，黄海　　D．太行山，黄海

二、判断正误并改错

1．我国西藏境内的珠穆朗玛峰和乔戈里峰，为世界上的第一和第二高峰。（　　）
2．北岳恒山位于陕西省浑源县，恒山奇观之最为悬空寺。（　　）
3．阿里山四大名景是日出奇景、晚霞夕照、擎天神木和艳红樱花。（　　）
4．我国大陆海岸线北起鸭绿江，南至北仑河口，全长 18000 千米。（　　）
5．我国海岸类型种类较多，红树林海岸在福建、台湾、广东、海南岛都能看到。（　　）
6．中国古代将孔子尊为“文圣”，将孙子尊为“武圣”。（　　）
7．联合国教科文组织于 1927 年 11 月 6 日在伦敦通过了《世界文化与自然遗产保护公约》，其目的是加强对文化遗产、自然遗产的保护与开发。（　　）
8．我国不少旅游区都有其特有的动物，如西双版纳的大象、海南的长臂猿。（　　）
9．衡山位于湖南省衡山县，祝融峰之险，藏经阁之秀，方广寺之深，水帘洞之奇，合称“横四绝”。（　　）
10．济南的趵突泉、大明湖、历下亭合称“济南三胜”。（　　）
11．中国古代四大名亭是浙江绍兴的兰亭，安徽滁州的醉翁亭，浙江杭州的湖心亭和湖南长沙的爱晚亭。（　　）
12．武侯祠内“三绝臂”由唐宰相裴度撰文，著名书法家柳公权书，名匠鲁建刻字，文章、书法、镌刻都极精湛。（　　）
13．“水底有明月，水上明月浮；水流月不去，月去水还流”是宋代人吟咏崂山太清水月的诗句。（　　）
14．“江作青罗带，山如碧玉簪”是唐代诗人对漓江景色的描绘。（　　）
15．长江劈巫峡，形成三个峡谷，西起奉节白帝城，东至宜昌南津关，自西向东依次是西陵峡、巫峡、瞿塘峡。（　　）
16．武夷山以火山流纹岩为主体，因造型地貌丰富而被称为中国造型地貌博物馆。（　　）

17．中国五大淡水湖为鄱阳湖、洞庭湖、太湖、镜泊湖和巢湖，湖面广阔，富有天然风貌。（　　）

18．台湾阿里山，有天然植物园之称，其中有3000年树龄的红桧，被誉为擎天神木。（　　）

19．河南登封嵩山的濉阳书院是我国宋代四大书院之一。（　　）

20．地域分异现象，形成了我国别具一格的城市，如林城伊春、椰城三亚、冰城哈尔滨等。（　　）

21．苍龙岭石阶宽仅容身，被称为太华咽喉。（　　）

22．华山脚下的西岳庙是历代帝王祭祀的神庙，有陕西故宫之称。（　　）

23．三清山的主要风景是“溪曲三三水，山环六六峰”。（　　）

24．武夷山盛产色艳、香浓、味醇的岩茶，以“大红袍”最为名贵。（　　）

25．我国有许多奇特的泉水可引发游人兴趣，如云南大理蝴蝶泉，湖南石门的鱼泉，湖北当阳的珍珠泉。（　　）

26．我国的海岸类型，杭州湾以北多为沙质海岸，杭州湾以南多为岩质海岸。（　　）

27．爱晚亭位于湖南，亭名取自唐朝诗人杜牧的“停车坐爱枫林晚，霜叶红于二月花”的诗句。（　　）

28．习惯上把温度高于37℃以上的泉水称为温泉。（　　）

29．黄山位于皖南，奇松、怪石、温泉、云海堪称四绝，其中尤以怪石为最。（　　）

30．我国的高山绝大部分在兰州、成都、昆明一线以西，这里奇峰林立，是开展登山考察的理想佳地。（　　）

31．少林寺是我国佛教禅宗发源地，也是我国少林拳的发源地。（　　）

32．岱庙为泰山第一名胜，石刻是泰山一大奇观。（　　）

33．白居易游庐山在东林寺即兴赋诗“人间四月芳菲尽，山寺桃花始盛开”。（　　）

34．武陵源位于湖南东北，由张家界、天子山、索溪峪三个单元组成。（　　）

35．台湾日月潭得名于湖中光华岛把湖分为南北两部分，南北湖状如日轮，北半湖似上弦月。（　　）

36．康乐气候是指人体感觉舒适的气候条件，一般指气温在10℃～22℃。（　　）

37．熔岩洞是经过物理过程形成的，岩溶洞是经过化学过程形成的。（　　）

中国民族民俗

一、单项选择题

1．下列文化典籍中，由蒙古族创作的是（　　）。

A．《格萨尔王传》　　B．《江格尔》

C．《福乐智慧》　　D．《玛纳斯》

2．我国明代著名航海家郑和是（　　）人。

A．回族　　B．汉族　　C．蒙古族　　D．壮族

3．始建于公元 7 世纪的布达拉宫是举世闻名的（　　）。
A．殿宇式建筑群　　B．干栏式建筑群
C．独立封闭式瓦房店建筑　　D．宫堡式建筑群

4．维吾尔族的《十二木卡姆》是一部著名的（　　）。
A．叙事长诗　　B．佛教经典　　C．音乐舞蹈史诗　　D．医药典籍

5．满族女子最具特色的服装是（　　）。
A．旗袍　　B．藏袍　　C．蒙古袍　　D．百褶裙

6．我国人口最多的少数民族是（　　）。
A．回族　　B．彝族　　C．苗族　　D．壮族

7.（　　）是我国最早的音节文字。
A．彝文　　B．藏文　　C．汉文　　D．朝鲜文

8．据传，（　　）是苗族人的祖先。
A．炎帝　　B．黄帝　　C．蚩尤　　D．盘瓠

9．傣族最盛大的节日是（　　）。
A．三朵节　　B．三月街民族节　　C．泼水节　　D．火把节

10.《创世记》是（　　）的史诗。
A．纳西族　　B．彝族　　C．苗族　　D．傣族

11．传说中畲族的始祖是（　　）。
A．黄帝　　B．古羌人　　C．蚩尤　　D．盘瓠

12.“汉族”之称始于（　　）。
A．秦　　B．东汉　　C．西汉　　D．唐

13．汉族最重要的节日是（　　）。
A．端午　　B．清明　　C．春节　　D．中秋

14．男子以无须为美，左耳戴大耳珠的民族是（　　）。
A．彝族　　B．纳西族　　C．畲族　　D．苗族

15．白族一年一度最盛大的节日是（　　）。
A．三月街民族节　　B．火把节
C．泼水节　　D．三朵节

16．现今仍行“阿注”婚的民族是（　　）。

A．畲族　　B．白族　　C．纳西族　　D．朝鲜族

17．喜穿凤凰装的民族是（　　）。

A．苗族　　B．壮族　　C．满族　　D．畲族

18．汉族的主要节日大都定型于（　　）。

A．周朝　　B．西汉　　C．南北朝　　D．唐朝

19．明朝时七下西洋的航海家郑和是（　　）人。

A．蒙古族　　B．满族　　C．回族　　D．维吾尔族

20．下列哪个民族有文身的习俗（　　）。

A．纳西族　　B．彝族　　C．傣族　　D．藏族

21．下列民族中，哪个民族史籍文献的数量在我国居于第二位（　　）。

A．回族　　B．纳西族　　C．壮族　　D．藏族

22．主要分布在云南丽江地区的少数民族是（　　）。

A．白族　　B．纳西族　　C．傣族　　D．苗族

23．下列关于白族的描述，不正确的是（　　）。

A．白族人访友或探病忌在上午

B．“三朵节”是白族的传统节日，“三节”是白族人民笃信的保护神

C．客人光临，白族人必以“三道茶”招待

D．砂锅弓鱼是白族的风味菜肴

24．下列不属于同类的一项是（　　）。

A．敕勒　　B．靺鞨　　C．女真　　D．满洲

25．“芦笙节”是下列哪个民族的节日（　　）。

A．彝族　　B．苗族　　C．壮族　　D．白族

26．全国唯一的一个畲族自治县位于（　　）。

A．安徽　　B．江苏　　C．浙江　　D．福建

27．据说畲族的始祖婚后育有三子一女，其女婿姓（　　）。

A．钟　　B．雷　　C．盘　　D．蓝

28. 火把节、三月街分属于哪两个民族的传统节日（　　）。

A. 彝族、纳西族　　B. 苗族、纳西族

C. 彝族、白族　　D. 苗族、白族

29. 维吾尔族男女老幼都爱戴（　　）。

A. 金花帽　　B. 圆形平顶小帽　　C. 绣花小帽　　D. 四棱小花帽

30. 二十四节气中唯一既是节气又是节日的是（　　）。

A. 立春　　B. 清明　　C. 冬至　　D. 立冬

二、判断正误并改错

1. 首饰、长袍、腰带和靴子是蒙古族服饰的四个主要组成部分。（　　）

2. 藏族自称“博巴”，“藏”是汗语的称谓。西藏之称始于清乾隆年间，藏族族称也由此而来。（　　）

3. 维吾尔族的手工业具有悠久的历史和精湛的技艺，手工艺品有地毯、丝绸、美玉、皮靴、绣花小帽。（　　）

4. 朝鲜族聚居的长白山林区的特产人参、貂皮、乌拉草被誉为“东北三宝”。（　　）

5. 满族历史悠久，最早可追溯到2000多年前的肃慎人，隋唐时期称“靺鞨”，唐末五代时称为“女真”，17世纪初皇太极又将其更名为“满族”，标志着满族民族共同体的正式形成。（　　）

6. 壮族人能歌善唱，被誉为“歌仙”的刘三姐是其中的杰出代表。（　　）

7. 彝族是古代匈奴人南下在长期发展中与西南土著部落不断融合而形成的民族。（　　）

8. 傣族人的舞蹈形象生动，感情细腻，动作多为动物形态的模拟和美化，极为流行的孔雀舞、象脚鼓舞就是这样的舞蹈作品。（　　）

9. 纳西族普遍信奉东巴教，“东巴”是纳西语，意为“智者”，即巫师和祭司。“东巴”多才多艺，集写、画、唱、舞于一身，他们是纳西族古老东巴文化重要的创造者、传播者和继承者。（　　）

10. 畲族自称“山哈”，意为山里人或居住在山里的客户。浙江景宁畲族自治县是全国唯一的畲族自治县。（　　）

11. 圣纪节是回族人为纪念伊斯兰教创始人穆罕默德而设立的。（　　）

12. 雪顿节就是吃酸奶子的节日，时间在藏历7月，历时4～5天。（　　）

13. 维吾尔族全民信仰佛教。（　　）

14. 满族的旗袍已有200多年的历史。（　　）

15. 藏族的甘蔗产量居全国首位。（　　）

16. 民族是人类社会发展到一定历史阶段的产物，有其产生、发展、消亡的过程和规律。（　　）

17. 从文化社会学的角度来看，社会风俗属于一种制度性文化，它对于社会所具有的约束是强制性的。（　　）

18. 中国人口的分布呈现东南疏、西北密的格局。形成以汉族为主体的大聚居、小杂居、交错居住的格局。（　　）

19. 藏族的英雄史诗《江格尔》是中国三大英雄史诗之一。（　　）

20. 蒙古族被称为“马背上的民族”。（　　）

21. 唐朝时，西藏正式置于中央政权的管辖之下。（　　）

22. 雪顿节是藏族人一年一度预祝丰收的传统节日。（　　）

23. 满族主要分布在东北地区，以辽宁省最多。（　　）

24. 傣族主要聚居在云南西双版纳、德宏等地。“傣”意为酷爱自由、和平的人。（　　）

25. 壮族是我国人口最多的少数民族，而回族则是分布最广的少数民族。（　　）

26. 中国的 56 个民族，除回族外，每个民族都有本民族的语言。（　　）

27. 始建于公元 5 世纪的布达拉宫，是世界上海拔最高的宫殿建筑群。（　　）

28. 黎族主要聚居于我国的西南地区，房屋形式有船形、金字塔形等。（　　）

29. 纳西族聚居的丽江古城，是世界著名的文化遗产之一。（　　）

30. 我国西南地区的少数民族，如傣族、壮族、白族等，受东南亚地区的影响，大多信仰上座部佛教。（　　）

单元十一　导游实务

任务一　导游服务

一、单项选择题

1. 英国人托马斯·库克在（　　）年为苏格兰之行设置了专职导游，这是世界上第一次为旅行团正式配备职业导游。

A. 1841　　B. 1845　　C. 1846　　D. 1872

2. 下列类型的服务中，处于旅游接待服务中心位置的是（　　）。

A. 饭店服务　　B. 航空服务　　C. 景区服务　　D. 导游服务

3. 受接待旅行社委派，代表该接待社实施旅游行程接待计划的导游员是（　　）。

A. 领队　　B. 全陪　　C. 地陪　　D. 景区讲解员

4. 旅游接待服务的核心和纽带是（　　）。

A. 住宿服务　　B. 交通服务　　C. 咨询服务　　D. 导游服务

5. 依据《导游人员管理条例》关于导游员的定义，取得了（　　），导游才有资格从事导游活动。

A. 高中毕业证　　B. 大学毕业证　　C. 导游资格证　　D. 导游证

6. 受地方接待旅行社委派，作为接待社的代表，实施旅游接待计划，为旅游者提供当地导游服务的导游人员是（　　）。

A. 领队　　B. 全陪　　C. 地陪　　D. 讲解员

7. 取得初级导游人员资格（　　），才有资格通过考试晋升为中级导游员。

A. 1 年以上　　B. 2 年以上　　C. 3 年以上　　D. 4 年以上

二、判断正误并改错

1. 要求游客按时提交个人信息是导游的权利。（　　）
2. 制止游客违反当地风俗习惯是导游的权利。（　　）
3. 导游义务要求：导游人员在带团时遇到突发事件及时向旅行社报告。（　　）
4. 政治属性是各国导游服务各种属性中的相同点。（　　）

任务二　导游服务规范

一、单项选择题

1. 旅游接待计划是组团社委托各地接社组织落实旅游活动的（　　）。
A. 法律性文件　B. 契约性文件　C. 指导性文件　D. 参考性文件

2. 地陪带团抵达下榻饭店，首要工作是（　　）。
A. 介绍饭店设施　B. 协助办理驻点手续
C. 照顾行李进房　D. 带旅游团用第一餐

3. 若旅行团抵达后直接去景点，则核对商定日程地点是（　　）。
A. 饭店大厅　B. 机场或游览景点
C. 公共场所　D. 机场或者行车途中

4. 旅行团在去旅游景点的途中，导游首先要（　　）。
A. 核对游客人数　B. 介绍参观游览景点
C. 对风光导游　D. 重申当日活动安排

5. 核对、商定日程时，如全陪或领队提出的要求与原日程不符合且涉及接待规格时，一般情况下地陪应（　　）。
A. 婉言拒绝　B. 尽力安排　C. 视情况而定　D. 报告旅行社

6. 对于计划外的文娱演出，地陪应做到（　　）。
A. 准时陪同前往　B. 向游客简单介绍节目内容和特点
C. 引导游客入座　D. 在保证可安排的情况下收费买票

7. 旅游团抵达下一站，全陪以下哪种做法不对（　　）。
A. 提醒游客注意安全　B. 提醒游客带齐随身物品
C. 举起社旗走在游客前面　D. 上车后向游客致欢迎词

8. 全陪在对团队进行最后一站的服务中，要填写（　　）。
A.《团队游客登记表》　B.《全陪日志》
C.《团队服务质量反馈表》　D.《餐饮费结算单》

9. 在出境旅游中，游客的护照、签证最好由（　　）集中保管。
A. 全陪　B. 领队　C. 地陪　D. 游客代表

10. 领队应提前（　　）赶到机场、车站等出境口岸的集合地点。
A. 5 分钟　B. 10 分钟　C. 20 分钟　D. 30 分钟

11．领队在查阅全团成员的证件、签证和机票时，应作为最重要的项目进行检查的是（　　）。

A．有效期　　B．签发日期　　C．姓名　　D．编号

12．行前说明会通常在团队正式出发前（　　）左右召开。

A．一个月　　B．一周　　C．三天　　D．一天

13．出境旅游中，入境卡应由（　　）填写。

A．领队　　B．游客　　C．海关人员　　D．地陪

14．景区导游员的服务准备中，尤其重要的是（　　）。

A．心理准备　　B．知识准备　　C．计划准备　　D．物质准备

15．对于重要客人，景区导游员致欢迎词应在（　　）。

A．景区入口处　　B．景区停车场

C．景区接待室　　D．景区游客中心

16．在景区导游服务中，对记者、作家提出的要求，导游员应（　　）。

A．不予理睬　　B．“合理而可能”地满足

C．婉言谢绝　　D．尽可能满足

17．散客旅游的付费方式是（　　）。

A．提前预付　　B．零星现付　　C．包价旅游　　D．游后付款

18．以下不属于散客旅游特点的是（　　）。

A．预订期短　　B．规模小　　C．难度小　　D．批次多

19．旅游团队一般是由（　　）以上的游客组成。

A．9 人　　B．10 人　　C．15 人　　D．16 人

二、判断正误并改错

1．全陪商定日程时，一般应该以组团社的接待计划为依据，尽量避免大的改动，小的变动则主随客便。（　　）

2．带团旅游的过程中，全陪的任务只有全程陪同，无任何讲解工作。（　　）

3．参观游览服务时，地陪应该提前 15 分钟到达集合地点。（　　）

4．导游服务是一项脑力劳动和体力劳动高度结合的工作。（　　）

5．地陪在带团队进行团队便餐时，只需要引导游客入座及结账。（　　）

任务三　导游语言

一、单项选择题

1. 以下哪一项不可能是独白式口头语言的特点（　　）。
   A. 目的性强　B. 依赖性强　C. 表达充分　D. 对象明确

2. 以下哪一项不属于导游语言的特征（　　）。
   A. 准确性　B. 逻辑性　C. 生动性　D. 趣味性

3. 以下哪一项不是导游词的类型（　　）。
   A. 漫谈型　B. 知识型　C. 抒情型　D. 比较型

4. 用于表达兴奋、激动、惊叹、疑问等感情状态的语调是哪一种（　　）。
   A. 升调　B. 直调　C. 降调　D. 转调

5. 通过有意识、有步骤的引导，澄清利弊得失，使游客逐渐信服，这种劝服技巧是（　　）。
   A. 诱导式劝服　B. 迂回式劝服　C. 暗示式劝服　D. 协商式劝服

6. 竖起大拇指，法国人用来表示（　　）。
   A. 首领　B. 父亲　C. 搭车　D. 滚开

7. 在讲解中运用合适的手势非常重要，当导游讲解“五公斤重的西瓜”时，可用手比成一个球的形状属于（　　）。
   A. 情意手势　B. 指示手势　C. 象形手势

二、判断正误并改错

1. 在导游讲解中，语速要求快慢适中，比较理想的语速是每分钟 260 个字左右。（　　）

2. 美国人爱用的“OK”手势，在日本则表示“金钱”，而希腊人、巴西人和阿拉伯人用这个手势表示“诅咒”。（　　）

3. 导游的口头语言就是独白式的表达方法。（　　）

4. 用凝练的词句概括所游览景点的独特之处，给游客留下印象的讲解方法是突出重点法。（　　）

任务四　游客个别要求的处理

一、单项选择题

1．以下关于游客用餐方面个别要求的处理，正确的是（　　）。
A．旅游团要求外出自费品尝风味，应劝阻
B．若在抵达后才提出特殊饮食要求，应婉言拒绝
C．若在用餐前提出换餐，应尽量满足，但差价自理
D．游客要求在客房内用餐，可满足其要求，但服务费自理

2．某游客因与同房游客有意见，不想与其同住，下列做法正确的是（　　）。
A．请旅游团领队调解或内部调整
B．若有空房，可满足其要求，房费两人公担
C．若无空房，应退还其住宿费，并联系其他饭店
D．若导游员住的房间有空位，可让其前来同住

3．一名游客购物回饭店后，因对商品颜色不满意而要求导游员帮他退换，导游人员应该（　　）。
A．让游客自己去商店退换　B．陪同前往，帮游客与商店交涉
C．告诉游客不属于自己的工作范围　D．告知游客商品出了店就不能更换

4．旅游团游览武汉东湖时，一游客提出希望单独划船游湖，导游人员应（　　）。
A．同意其要求，但陪同一起划船
B．说明为了安全，不能同意其要求
C．婉言拒绝，若游客坚持，就不必阻拦
D．让游客去问领队，由旅游团领队决定

5．旅游团中某位游客要求其外籍亲友随团活动，导游员首先应（　　）。
A．婉言拒绝　B．向旅行社领导汇报
C．表示赞同　D．征求领队和其他团员意见

6．个别游客因团内矛盾要求单独用餐，导游人员哪一项做法不对（　　）。
A．婉言拒绝，并说明理由　B．耐心解释，并请领队调解
C．如游客坚持，可协助与餐厅联系　D．告知餐费自理，综合服务费不退

7．以下关于游客住房方面的个别要求中，导游员可以满足的是（　　）。
A．游客要求购买房中物品　B．游客要求住单间，但不愿付房费
C．游客支付差价要求住高一标准的住房　D．游客单独住，但是拒付房费

8．游客要求自费观看文娱节目，导游人员正确的做法是（　　）。
A．若时间允许，应积极协助
B．若要求去大型娱乐场所，应婉言拒绝
C．若要求去情况复杂的场所，建议自行前往
D．若去不健康场所，断然拒绝

9．以下导游人员的做法中，正确的是（　　）。
A．代游客保管证件　　B．免费带亲友随团活动
C．游客有困难，为其专递物品　　D．即将离开本地，劝阻游客自由活动

10．外国游客因某种原因不随团活动，要求延长逗留时间，导游人员不正确的做法是（　　）。
A．若无须办理延长签证，可满足其要求
B．若无特殊原因且需办理延长签证，应婉言拒绝
C．若需办理延长签证但确有特殊原因，应设法满足其要求
D．若因特殊原因但需办理延长签证，应请示领导后再提供帮助

二、判断正误并改错

1．游客要求更换交通工具如火车改为飞机，如无特殊理由，导游应尽力安排。（　　）
2．个别游客提出更换游览项目，地陪应向游客耐心解释，不能随意更换。（　　）
3．外国游客要求去不健康的娱乐场所，导游应该沉着冷静、不卑不亢。（　　）

任务五　导游礼仪

一、单项选择题

1．TPO 原则是人们着装的总原则，其中 P 是指（　　）。
A．时间　　B．地点　　C．场合　　D．目的

2．为了预防火灾事故，导游人员错误的做法是（　　）。
A．多给游客提醒　　B．熟悉安全通道
C．看好游客财务　　D．牢记火警电话

3．以下叙述错误的是（　　）。
A．清点人数时不可用食指来点数
B．多人在一起时要避免交叉握手
C．男士要等女士先伸手后才能与其握手
D．晚辈应该先伸手，以显示对长辈的尊重

4. 拉丁语种的国家主要信仰（　　）。
A. 佛教　B. 新教　C. 天主教　D. 伊斯兰教

5. 以下哪一项不是伊斯兰教国家共有的禁忌（　　）。
A. 忌讳右手　B. 禁止女性暴露躯体肌肤
C. 禁食猪肉　D. 禁崇拜真主以外的偶像

6. 乘坐汽车遇险的急救措施不对的有（　　）。
A. 迅速蹲下　B. 保护头部
C. 迅速果断跳车　D. 看准时机跳车

7. 旅游团下榻的饭店发生火灾事故，导游员错误的做法是（　　）。
A. 迅速通知游客　B. 搭乘电梯撤离
C. 爬行穿越浓烟　D. 挥舞衣物救援

二、判断正误并改错

1. 一般情况下握手，由女士、长辈、领导先伸手。（　　）
2. 握手时间的长短根据双方关系的亲疏灵活掌握，初次见面一般不应该超过 7 秒钟。（　　）
3. 泰国的僧侣和俗人之间常用握手行礼。（　　）
4. 旅游安全指旅游活动中各相关主体的一切安全现象的总称。（　　）
5. 黑、白、蓝是服装搭配时最常用的三种颜色，也被称作“安全色”。（　　）
6. 男士在穿西服、皮鞋时所搭配的袜子，以深色和单色为宜，最好是黑色。（　　）

任务六　导游服务相关知识

一、单项选择题

1. 普通护照持有人未满 16 周岁的，其护照有效期为（　　）。
A. 5 年　B. 10 年　C. 15 年　D. 20 年

2. 旅游签证属于普通签证，在我国为（　　）。
A. C 字签证　B. F 字签证　C. L 字签证　D. X 字签证

3. 在国际航空运输中，常用英文字母表示客舱等级，其中“F”表示（　　）。
A. 头等舱　B. 公务舱　C. 经济舱　D. 平价舱

4. 一名成人携带一名 10 岁的儿童和两名未满 2 岁的婴儿乘国内航班，购买票价为 800 元人民币的机票，总共需支付机票费用为（　　）。

A. 1040 元　B. 1360 元　C. 1680 元　D. 2000 元

5. 乘坐沿海和长江客轮，每一成人随身携带的物品不得超过（　　）。
A. 30 千克　B. 25 千克　C. 20 千克　D. 15 千克

6. 一位外国游客看中一种丝绸，告诉导游员他想买 8 英尺，导游员应告诉售货员（　　）。
A. 2.13 米　B. 2.21 米　C. 2.35 米　D. 2.44 米

7. 摄氏 30 度相当于华氏（　　）。
A. 30 度　B. 65 度　C. 86 度　D. 90 度

8. CZ3115 指代的是（　　）。
A. 中国南方航空公司自武汉至北京的回程航班
B. 中国南方航空公司自武汉至北京的去程航班
C. 中国北方航空公司自武汉至北京的去程航班
D. 中国北方航空公司自武汉至北京的回程航班

任务七　导游实务综合测试

一、单项选择题

1.（　　）年托马斯·库克利用包租火车的形式组织 570 人参加禁酒大会，是世界上公认的第一次商业性团体旅游活动。
A. 1840　B. 1841　C. 1843　D. 1845

2. 从（　　）年开始，我国开始举行全国性的导游人员资格考试。
A. 1987　B. 1989　C. 1995　D. 1998

3. 如果导游服务质量低劣，则会对旅游产品的销售、旅游目的地的形象都起到不好的影响。这说明了导游服务具有（　　）。
A. 纽带作用　B. 标志作用　C. 扩散作用　D. 反馈作用

4. 取得高级导游人员资格（　　）年以上，业绩优异，有突出贡献，有高水平的科研成果，在国内外同行和旅行商中有较大影响，经考核合格者，可晋升为特级导游。
A. 1　B. 2　C. 4　D. 5

5. 导游服务主要可分为（　　）三类。
A. 航空服务、迎接服务、餐饮服务

B．迎接服务、讲解服务、入住酒店
C．提取行李、入住酒店、用餐服务
D．导游讲解服务、旅行生活服务、市内交通服务

6．我国第一家旅行社成立于（　　）年。
A．1851　　B．1927　　C．1949　　D．1954

7．导游服务具有反馈作用，具体要求导游人员在导游服务过程中做到（　　）。
A．及时准确地把游客的意见、建议与要求反馈给当地质检部门
B．及时准确地把游客的意见、建议与要求反馈给旅行社有关部门
C．及时准确地把游客的意见、建议与要求反馈给媒体
D．及时准确地把游客的意见、建议与要求反馈给当地政府

8．负责实施旅游接待计划，联络、组织协调、维护安全、处理问题、宣传、调研工作，是（　　）的职责。
A．地陪导游人员　　B．景点讲解员
C．海外领队　　D．全陪导游人员

9．海外领队、全陪、地陪和讲解员所共有的职责是（　　）。
A．落实旅游合同　　B．维护安全
C．景点讲解　　D．联络工作

10．下列内容中，（　　）不属于导游员致欢迎词的必讲内容。
A．问候语
B．自我介绍，并介绍司机
C．代表被委派旅行社、本人及司机欢迎游客
D．介绍下榻饭店及餐厅

11．导游员看到道路两边栽种的树木，在向游客介绍树种及特色时，还向游客介绍了我国的植树节。此时导游员运用的讲解方法是（　　）。
A．突出重点法　B．分段讲解法　C．制造悬念法　D．触景生情法

12．不属于海外领队的主要职责是（　　）。
A．落实旅游合同　　B．全程服务
C．景点讲解　　D．协调联络

13．旅游团旅游计划的具体执行者，导游讲解是其职责重点的是（　　）。
A．组团人员　B．全陪　C．地陪　D．领队

14．在我国，合格导游人员的首要条件是（　　）。

A．具有公德意识　　B．热爱社会主义祖国

C．会讲流利的普通话　　D．富有探险精神

15．导游员最重要的基本功是（　　），它也是导游服务的工具。

A．导游专业知识　　B．语言知识

C．导游文化基础知识　　D．政策法规知识

16．（　　）是导游工作中的指针。

A．政策法规知识　　B．史地文化知识

C．心理学知识　　D．旅行知识

17．在人际交往中，以下握手顺序不正确的是（　　）。

A．上级先伸手，下级后伸手　　B．主人先伸手，客人后伸手

C．年长的先伸手，年幼的后伸手　　D．男方先伸手，女方后伸手

18．对于导游而言，（　　）是最重要的礼节。

A．遵守时间　　B．尊重游客宗教信仰

C．服饰礼仪　　D．举止礼仪

19．从卫生角度考虑，交谈最佳距离为（　　）。

A．1 米　　B．0.3～0.4 米　　C．1.3 米　　D．1.5 米

20．在部分东南亚佛教国家，通常盛行（　　）。

A．接吻礼　　B．鞠躬礼　　C．合掌礼　　D．握手礼

21．导游服务中（　　）的特点要求导游人员必须具备处理各种偶然和意外情况的能力。

A．关联度高　　B．独立性强

C．复杂多变　　D．脑体高度结合

22．下列选项中，不属于预防晕机措施的是（　　）。

A．在飞机上感到不适时服口服晕海宁

B．乘机前头一天晚上保证充足睡眠

C．闭目养神

D．在飞机上尽量保持空间定向，视线尽量放远

23．游客提出调换同一标准但朝向不同的房间时的处理方法是：若酒店有空房，可适当满足，或请（　　）在内部调整。

A．旅游团领队　　B．地陪导游员　　C．全陪导游员　　D．旅行社计调

24．导游人员的服饰穿着要遵循“TPO”原则，以下不属于该原则的是（　　）。
A．时间　　B．场合　　C．身份　　D．地点

25．外国游客如需购买麝香，导游人员应该（　　）。
A．提供必要帮助　　B．建议其自行处理
C．断然拒绝　　D．劝阻，并告知中国海关规定

26．散客旅游增加的内在原因是（　　）。
A．散客旅游灵活、自由度大　　B．游客自主意识增强
C．游客内在结构改变　　D．交通和通信的发展

27．在旅游活动中，导游人员留给游客美好的最终印象能使游客对即将离开的旅游目的地和导游人员产生恋恋不舍之情，这是心理学中的（　　）。
A．首次效应　　B．近因效应　　C．晕轮效应　　D．经验效应

28．爱交际，喜讲话，好出点子，乐于助人的客人属于（　　）游客。
A．活泼型　　B．急躁型　　C．稳重型　　D．忧郁型

29．性急，好动，争强好胜，易冲动，好遗忘的客人属于（　　）游客。
A．活泼型　　B．急躁型　　C．稳重型　　D．忧郁型

30．一位旅游者在旅游定点商店看中一种丝绸布料，告诉导游员他需要买 8 英尺，导游员应该告诉售货员，这位旅游者需要买（　　）。
A．3.12 米　　B．2.7 米　　C．3.5 米　　D．2.44 米

31．旅游团提前抵达或推迟离开，都会延长在本地的游览时间，此时地陪首先应（　　）。
A．适当延长在主要景点的游览时间
B．酌情增加游览景点
C．提醒旅行社有关部门及时通知下一站
D．与接待社有关部门或有关人员联系，重新落实该团用餐、用房、用车事宜，并及时落实离开的机、车票

32．由于旅游团的内部矛盾或其他原因，个别游客坚持要求单独用餐，导游员应（　　）。
A．必须满足其要求　　B．婉言拒绝
C．可协助与餐厅联系，但餐费自理　　D．交由领队处理

33．根据我国民航规定，下列属于不准在托运行李内夹带的物品是（　　）。
A．衣物　　B．化妆品　　C．录像带　　D．重要文件

34．旅游团内分配房间的工作一般应由（　　）来做。
A．地陪　　B．全陪　　C．领队　　D．团长

35．导游人员在讲解时以熟喻生，以达到触类旁通的导游方法是（　　）。
A．突出重点法　B．触景生情法　C．虚实结合法　D．类比法

36．若游客食物中毒，导游人员不能采取的应急处理方法是（　　）。
A．让病人躺下休息
B．进食营养丰富的食物
C．轻症，服用自备药品并迅速请医生诊治
D．喝茶水或淡盐水

37．外国旅游者在旅游团的活动结束后，不随团离开或出境，无特殊原因要求延长签证时，导游人员应酌情处理，（　　）。
A．陪同客人到公安局办理延长签证手续
B．一般可以满足要求
C．原则上应予婉拒
D．请示旅行社

38．游客购物后发现是残次品、计价有误或对物品不满意，要求导游员帮其退换，导游员应（　　）。
A．帮游客叫车，让他自己去换　　B．帮游客联系，请司机陪同前往
C．告诉游客，离店的物品不能退换　　D．积极协助，必要时陪同前往

39．旅游者在华期间生病治疗，其住院和医疗费用一般由（　　）。
A．接团社付　　B．组团社付　　C．旅游者自理　　D．导游员代理

40．（　　），导游员可以满足游客的要求。
A．抵达景点后，若环境许可（游人不太多，秩序不乱），因喜好摄影，一名游客提出聘请景点导游带领单独游览，并能记住导游员提醒的集合时间、地点、车号
B．凌晨 1 点，一名游客提出要外出去买饮料
C．游览景区时，一名游客单独提出体验划小船
D．游客提出去不对外开放的单位拜访

41．北京时间为 0：00，当地时间为 16：00 的城市是（　　）。
A．伦敦　　B．纽约　　C．汉城　　D．巴黎

42．因天气原因，旅游团所乘航班需推迟 2 小时才能起飞，游客仍滞留在上一站，而全陪和领队又没有及时通知下一站接待社。下站导游不知道这种临时变化，仍按原计划接

站，造成了空接，该导游员应该首先（ ）。

A．若推迟时间不长，坚持在机场等候

B．推迟时间较长，重新落实接团事宜

C．尽量与该团全陪取得联系

D．地陪应立即与本旅行社有关部门联系，查明原因

43．旅游者因抢救无效死亡，应写出由主治医师签字和医院盖章的《抢救工作报告》和（ ）。

A．《尸体解剖报告》 B．《死亡诊断证明书》

C．《死亡公证书》 D．《因病死亡证明》

44．下列不符合导游员面部化妆礼仪的形象是（ ）。

A．淡雅清秀 B．健康自然 C．花枝招展 D．富有个性

45．由于客房设施尤其是房间卫生达不到清洁标准，客人提出调换房间，导游人员应（ ）。

A．耐心解释，向游客致歉

B．立即打扫、消毒，如游客仍不满意，坚持调房，应与酒店有关部门联系予以满足

C．予以满足，但费用自理

D．调换饭店

46．地陪在为旅游团提供送行服务前，一定要弄清楚旅游团离境的时间，要做到"四核实"，即核实（ ）。

A．合同时间、机场时间、票面时间、问讯时间

B．计划时间、时刻表时间、计调时间、问讯时间

C．计调时间、时刻表时间、票面时间、问讯时间

D．计划时间、时刻表时间、票面时间、问讯时间

47．旅游团中某位旅游者希望带其在华亲友随团活动，导游员应该（ ）。

A．婉言拒绝 B．表示同意

C．首先征求领队及团员的意见 D．首先向领导汇报

48．（ ）不是导游服务的特点。

A．能说会道 B．独立性强

C．脑体高度结合 D．客观要求复杂多变

49．游客在游览途中不慎丢失中华人民共和国身份证，返程需乘坐飞机，可由地接社开具证明，由失主持证明到当地公安机关报失，经核实后（ ），机场安检人员核准放行。

A．办理新身份证 B．开具身份证明

C．办理临时身份证　　D．发给登机牌

50．旅游者要求自费观看计划外文娱节目时，导游员应（　　）。
A．婉言拒绝　　B．报告旅行社，等待领导通知
C．协助解决，提醒客人注意安全　　D．断然拒绝

51．境外来华旅客携带的外币数额和旅行支票额（　　），但入境时必须如实申报。
A．不受限制　　B．只限制现金，限额为5000美元
C．受限制　　D．根据游客停留天数做出规定

52．旅游团（者）抵达后，无导游人员迎接的现象称为（　　）。
A．漏接　　B．空接　　C．错接　　D．误接

53．游客无特殊原因，只是某个要求得不到满足而提出提前离团，导游人员要（　　）。
A．直接满足要求
B．婉言拒绝
C．请示旅行社领导
D．配合领队做说服工作，若劝说无效，可满足其要求，但应告知其未享受的综合服务费不予退还

54．导游人员资格证书是由国家旅游局统一印制的，其颁发机关是（　　）。
A．国家旅游局
B．省、自治区、直辖市旅游局
C．国家旅游局和省、自治区、直辖市旅游局
D．国务院

55．希望得到他国导游人员的尊重和协助，商定日程和宣布活动日程是（　　）的职权。
A．地陪导游员　　B．领队　　C．全陪　　D．景点讲解员

56．旅游团游览湖北后，用“壮美的长江三峡，灿烂的荆楚文化，……”来概括湖北的独特风光。这种导游讲解方式称（　　）法。
A．制造悬念　　B．画龙点睛　　C．触景生情　　D．虚实结合

57．参观武汉两江交汇之处南岸嘴时，导游人员将其与德国的“德国角”进行比较讲解：“莱茵河与清澈的支流莫塞河在‘德国角’相汇，同样是泾渭分明的美丽景观，与江汉三桥相似的位置上‘欧洲桥’飞跨莫塞河，在黄鹤楼的方位上，也有一座古城堡以神秘的风情吸引着众多的游人。”此时导游员用的导游讲解方法是（　　）法。
A．制造悬念　　B．画龙点睛　　C．触景生情　　D．类比

58．为预防误机，导游员在送国内航班时，按规定应在航班预订起飞前（　　）分钟抵达机场。

A．45　　B．30　　C．60　　D．90

59．旅游者委托导游员给其在华工作的朋友转递一盒精装巧克力，导游员应（　　）。

A．答应转递　　B．婉言拒绝

C．请示领导　　D．设法让客人亲自面交

60．领队带团出境旅游，在抵达旅游目的地办手续时的“过三关”是指（　　）。

A．卫生检疫、证照检查、海关检查　　B．食品检疫、证照检查、海关检查

C．卫生检疫、身体检查、海关检查　　D．卫生检疫、证照检查、防恐检查

61．一位旅游者看中了饭店客房内配备的一件漆器烟具，想买下作纪念，找到导游员帮忙，导游员可以（　　）。

A．请客人直接与饭店服务人员联系

B．协助客人与饭店有关部门联系

C．直接答复：“不会卖的。”

D．带客人到别的商店寻购相同或相似的烟具

62．某国旅游者 R 先生旅游期间因年迈而自然死亡。按有关规定，一般不需做尸体解剖，若死者家属或（　　）要求解剖，我方可同意，但必须有他们签字的书面请求。

A．与死者有特殊关系的朋友　　B．死者生前工作单位

C．死者生前的投保公司　　D．死者所属国驻华使、领馆

63．领队带团出境后，在与旅游目的地国家或地区导游商定日程时应坚持的原则是（　　）。

A．坚持吃中餐，保障食品安全　　B．可以调整顺序，不可减少项目

C．及时向国内组团社汇报　　D．不能安排购物活动

64．以下不属于全陪工作职责的是（　　）。

A．实施旅游接待计划　　B．组织协调

C．景点讲解　　D．维护安全，处理问题

65．旅客持全价票乘坐国内航班公务舱，可免费托运的行李是（　　）千克。

A．20　　B．30　　C．40　　D．50

66．为简化港澳同胞往来大陆的手续，“港澳同胞回乡证”改为“港澳居民来往内地通行证”，其有效期为（　　）。

A．1 年　　B．3 年　　C．5 年　　D．10 年

67. 导游员在介绍黄鹤楼的一楼大厅时，先从其传说故事讲起，继而讲解楼中壁画。这种讲解方法称为（　　）法。

A. 突出重点　B. 分段讲解　C. 画龙点睛　D. 虚实结合

68. 2007年1月1日起，我国颁发给16周岁以上人员护照有效期为（　　）。

A. 3年　B. 5年　C. 8年　D. 10年

69. 旅游团在某饭店入住后，有个别游客提出想住更高标准的客房，经了解饭店还有些空余的更高标准的房间，这时导游人员应该（　　）。

A. 让游客自行与店方联系

B. 婉言劝阻

C. 请领队在内部调配，无法满足时，应做好耐心解释工作

D. 可予以满足，但游客要交付退房损失费和房费差价

70. 托马斯·库克编写的世界上最早的旅游指南是（　　）。

A.《马赛旅行指南》　B.《利物浦之行手册》

C.《巴黎游览手册》　D.《伦敦手册》

71. 下列关于我国签证的表述正确的是（　　）。

A. 华侨回国探亲、旅游必须办理签证

B. 在我国旅游签证属于普通签证，仅用于发给来中国旅游的人员

C. 签证上规定了持证者在中国停留的起止时间

D. 5人以上的旅游团队可发给团体签证

72. 如果健康的旅游者希望能在客房用餐，导游员应（　　）。

A. 让游客自行处理

B. 婉言劝阻

C. 满足其要求，但必须告知服务费自理

D. 无条件将饭菜端到旅游者房间

73. 旅游团在一地的旅游活动全部结束并前往机场，地陪（　　）即可离开机场。

A. 进行完交通票据和行李卡移交工作之后

B. 在旅游者安检结束之后

C. 旅游团所乘航班起飞之后

D. 将客人带至机场大厅并说明办理程序和办理柜台位置之后

74. 游客提出提高交通工具等级，导游员应（　　）。

A. 婉言谢绝

B. 首先与接待社计调部门联系，若有所要求的等级可帮忙更换，告知差价及相关费用自理

C. 立即与旅游交通部门联系并安排更换事宜
D. 请游客自行更换

75. 导游人员带团时遇到了一位处处刁难的领队，在处理这个问题时，地陪的以下做法中哪个欠妥当（ ）。
A. 对待其的处处刁难，要有理、有力、有节地讲道理
B. 在做好工作的前提下，争取大多数游客的理解和支持
C. 不予理睬，按既定方案办
D. 主动与其沟通

76. 一美籍华人旅游团在上海作短暂旅游，原计划当晚住宿在苏州。游客们突然提出更改，要求当晚就住上海，这时导游员原则上应（ ）。
A. 按照旅游合同执行
B. 立即上报旅行社，经有关部门同意，并按照指示做好变更工作
C. 请领队去做客人工作，说服游客放弃更改行程
D. 征询所有人的意见，最后由领队决定

77. 中国第一家旅行社——中国旅行社是由（ ）创建的。
A. 刘佛丁 B. 陈光甫 C. 孙中山 D. 张裕

78.（ ）是导游讲解的素材，（ ）是导游服务的“原料”，（ ）是导游人员的看家本领。
A. 史地文化知识 B. 语言知识
C. 心理学知识 D. 政治、经济、社会知识

79.（ ），世界各地的大众旅游活动迅速发展。
A. 文艺复兴以后 B. 法国大革命以后
C. 第一次工业革命以后 D. 第二次世界大战结束以后

80. 导游服务的经济属性主要体现在（ ）。
A. 广泛的客源、广泛的意见、广泛的财源
B. 直接创收、促销商品、促进经济交流
C. 化解游客与旅行社的矛盾，促进游客与从业者的交流，完成旅游者的好奇愿望
D. 广交朋友、兑现承诺、经济创收

81. 对于旅游者在旅游过程中提出的特殊饮食要求，以下表述正确的是（ ）。
A. 已订妥的风味宴，旅游者在临近用餐时不想去，于是导游员表示无所谓，立即退餐
B. 旅游者提出晚些用餐的要求，导游员应告知其不能超过用餐时间，否则将自动取消用餐，餐费不退

C．地陪应告知旅游者，客房只为生病客人提供送餐服务，一般客人不享受此项服务

D．旅游者坚持自己单独用餐，导游员可协助其与餐厅联系，告之餐费自理，原餐费不退

82．导游语言除具备思想性、知识性、趣味性、科学性、准确性之外，还应具有（　　）。

A．多样性、创新性　　B．节奏性、生动性

C．逻辑性、模仿性　　D．逻辑性、生动性

83．导游员在公共场合或众目睽睽之下化妆，属于（　　）行为。

A．失礼　　B．为游客着想　　C．职业　　D．做作

84．下列情况中，游客提出换房，导游人员应该满足其要求的是（　　）。

A．客房内发现蟑螂　　B．客房朝北光线不好

C．客房在走廊尽头离电梯近　　D．要求住高档客房又拒付差价

85．导游员的步姿也是工作中的一项基本要求，手臂前后摆动幅度不要超过（　　）。

A．30°　　B．35°　　C．60°　　D．75°

86．导游人员接了不应由他接的旅游团（者）的现象称为（　　）。

A．错接　　B．误接　　C．漏接　　D．空接

87．在旅游接待中，来自英国的游客多数会表现出（　　）的行为特点。

A．幽默、高傲　　B．开朗、活泼　　C．矜持、绅士　　D．随便、自由

88．一位年迈的旅游者随旅游团抵达苏州故地重游，当晚老人向地陪提出希望探望在当地一位失散多年的朋友，这时地陪应该（　　）。

A．对老人说：您与朋友失散多年，地址很难找，这事没办法解决

B．对老人说：明天您可以不随团活动，去找那位朋友

C．问明情况后，通过有关途径积极协助联系

D．为了能让老人如愿以偿，决定第二天亲自去帮助寻找，把工作委托全陪代理

89．导游员运用虚实结合导游手法讲解古建筑，其中“实”是指有关建筑物的（　　）。

A．历史沿革、名人逸事　　B．建筑布局、功能用处

C．结构风格、名人逸事　　D．神话故事、民间传说

90．态势语言亦称体态语言，除了首语和表情语言外，还包括（　　）。

A．目光语与手势语　　B．目光语与指示语

C．手势语与提示语　　D．肢体语与目光语

91．某旅游团一行 15 人抵达杭州，地陪小王在客人进住饭店之后，开始与领队商定第二天的日程安排。小王发现领队和自己的计划有出入，这时地陪小王应（　　）。

A．婉言谢绝，说明我方不便单方面违反合同

B．向领队做详细解释说明工作，并设法将其说服

C．按照领队所持的计划活动，但应事先向领队说明，要按规定收取费用

D．及时报告旅行社，查明原因，分清责任

92．《导游人员管理条例》所称的导游人员，是指依照该条例规定（　　），接受旅行社委派，为旅游者提供向导、讲解及相关旅游服务的人员。

A．取得导游资格证书　　B．取得导游证

C．与旅行社订立劳动合同　　D．在导游服务公司登记

93．从新中国成立至 1978 年之前，导游服务以（　　）为主要内容。

A．外事接待　　B．设计路线　　C．处理问题　　D．带团观光

94．按成人票价 10%付费的婴儿乘坐中国民航的国际航班普通舱旅行时，可免费托运行李（　　）。

A．20 千克　　B．10 千克　　C．0 千克　　D．15 千克

95．散客张先生在机场等候多时未见接站导游员，便打车到了酒店。当接站导游员赶到酒店在大堂见到张先生时，导游员首先应该（　　）。

A．实事求是地向游客说明情况，诚恳地赔礼道歉，求得客人原谅

B．问客人为什么不多等一会儿，自己只迟到了一小会儿

C．不做任何解释先致歉，协助办理客人入住手续

D．拿出迟到的“证据”说明是旅行社时间通知错了

96．某旅游团定于当日 15：30 乘机离开 C 市，午饭后一旅游者提出自由活动，这时导游应该（　　）。

A．陪同旅游者一同前往　　B．提醒旅游者带上饭店标志以便返回

C．劝阻旅游者不要去　　D．告诉旅游者如果误机，责任自负

97．1980 年 6 月 27 日，国务院正式批准成立了（　　）。

A．中国国际旅行社总社　　B．中国旅行社

C．中国青年旅行社　　D．华侨服务社

98．（　　）年，国家旅游局决定对全国持有导游证的专、兼职导游员分等定级。

A．1994　　B．1989　　C．2004　　D．1999

99．中国银行在兑付旅行支票时要收取（　　）‰的贴息。

A．10　　B．8.5　　C．7.5　　D．6.5

100．游客乘坐飞机前往旅游目的地的途中行李遗失，可向（　　）索赔。
A．组团社　　B．地接社
C．有关航空公司　　D．保险公司

101．北京市的某日气温为5℃，该市的温度为（　　）华氏度。
A．41　　B．34.8　　C．−23　　D．−29.2

102．下列不属于火车票中的附加票类型的是（　　）。
A．加快票　　B．卧铺票　　C．硬座票　　D．空调票

103．散客旅游一般由（　　）人以下的游客组成。
A．9　　B．10　　C．11　　D．12

104．导游人员发现旅游者在地摊上选购古玩时，应（　　）。
A．予以协助　　B．当好购物参谋
C．予以劝阻　　D．制止摊贩出售

105．（　　）是导游人员了解旅游团的基本情况和安排活动日程的主要依据。
A．旅游日程　　B．接待计划
C．旅游计划　　D．接待日程

106．旅游者酗酒，导游人员应先规劝并严肃指明可能造成的严重后果，（　　）。
A．如不听，可不再过问
B．置之不理
C．尽力阻止，不听劝告且造成恶劣影响的，肇事者应承担一切后果
D．尽力阻止，不听劝告且造成恶劣影响的，导游人员要承担一定后果

107．由于社会制度的不同、政治观点的差异，海外旅游者可能对中国的方针政策及国情有误解、不理解，在一些问题上存在分歧。若有人站在敌对立场上进行攻击和诬蔑时，导游人员要（　　）。
A．将其扭送公安机关　　B．置之不理
C．驱出旅游团　　D．严正驳斥

108．我国铁路旅客列车，按其设备设施、运行速度和服务项目等差别分类。有一类列车行驶速度每小时160千米左右，沿途不停，一路直达，车次前冠以字母（　　）。
A．Z　　B．ZD　　C．YZ　　D．YZD

109．导游讲解要有具体的指向，不能空洞无物是指导游讲解要（　　）。
A．言之有理　　B．言之有物　　C．言之有力　　D．言之有趣

110.（　　）在旅行社业务中具有核心地位。

A．旅游线路　　B．旅游接待服务的设施和条件
C．旅游活动　　D．导游服务

111．导游服务在旅游接待中的中心位置使其在旅行社与游客之间、旅行社与各旅游接待单位之间，以及游客与各旅游接待单位之间起着（　　）作用。

A．纽带　　B．标志　　C．扩散　　D．反馈

112．导游人员在运用导游语言时应遵循（　　）的原则，讲解要令人信服，不可胡编乱造、张冠李戴。

A．言之有物　　B．言之有理　　C．言之有据　　D．言之有情

113．旅游接待计划是组团社委托各地方接待社组织落实旅游团活动的（　　）。

A．法律性文件　　B．契约性文件
C．指导性文件　　D．参考性文件

114．导游服务可以提高旅途生活质量，这体现了导游服务的（　　）。

A．社会性　　B．文化性　　C．服务性　　D．涉外性

115．导游人员向游客提供优质的服务，在招徕回头客、扩大客源等方面起到不可忽视的作用，这体现了导游服务的（　　）。

A．社会性　　B．文化性　　C．经济性　　D．服务性

116．导游人员应具备的旅行常识有（　　）等。

A．卫生防疫知识、急救常识、旅游业知识、货币知识
B．入出境知识、交通知识、货币保险知识、卫生防疫知识
C．待人接物常识、商品鉴别知识、卫生防疫知识
D．史地文化知识、心理学知识、美学知识、政策法规知识

117．克拉是计量宝石重量的单位，0.3 克拉等于（　　）克。

A．0.05　　B．0.06　　C．0.6　　D．0.5

118．全陪导游人员和地陪导游人员在职责上的不同之处是（　　）。

A．维护游客合法权益不同，联络协调对象不同
B．联络协调对象不同，接待的具体任务不同
C．接待的具体任务不同，征求游客意见和建议方式不同
D．征求游客意见建议方式不同，地陪工作地点不同

119．在旅游活动中，由于不同国家或地区的社会制度、意识形态、民族文化和价值观念的不同，向游客提供的导游服务必然带有不同的（　　）属性。

A．经济　　B．政治　　C．文化　　D．服务

120．现场导游情况纷繁复杂，随时可能发生无法预料的事件，导游人员通过（　　）可以即时解答和处理游客的提问和突发事件。

A．实地口语导游方式　　B．多媒体导游方式
C．声像导游方式　　D．图文导游方式

121．文化旅游、专业旅游和科研考察等的发展，必将会对导游服务提出更高的（　　）要求。

A．知识　　B．技能　　C．讲解　　D．道德

122．下列选项中，不属于导游人员的概念的是（　　）。

A．依照条例规定取得导游证的人员，这是从事导游业务的资格要求
B．为旅游者提供导游服务必须是受旅行社的委派，否则不能从事导游服务工作
C．为旅游者提供向导、讲解及相关旅游服务的人员
D．具有适应导游需要的基本知识和语言表达能力的中华人民共和国公民

123．（　　）是指导游人员应当具有高尚的情操和很强的自控能力，抵制形形色色的诱惑，清除种种腐朽思想的污染。

A．优秀的道德品质　　B．高尚的情操修养
C．较强的敬业精神　　D．自觉地遵纪守法

124．导游人员应当具备良好的意志品质，当游客抱怨甚至投诉时，遇到旅游中各种突发问题时，导游人员要（　　）。

A．积极主动地为游客服务
B．控制自己的情绪，沉着、冷静地处理问题
C．行事果决，不优柔寡断
D．有恒心，坚持不懈地完成工作

125．临时快速旅游列车车次前冠有字母（　　）。

A．Z　　B．T　　C．D　　D．Y

126．下列旅游事故中，不属于旅游安全事故的是（　　）。

A．旅游车发生交通事故　　B．坏人抢劫游客财物
C．游客食物中毒　　D．航班因天气原因取消

127．散客若乘国内航班离站，导游人员要等（　　）后方可离开机场。

A．游客到达机场　　B．办理登机手续
C．办理行李托运手续　　D．飞机起飞

128．某游客告知导游人员打算带一名 7 岁的小孩参加北京双飞 10 日旅游团，导游人员应告诉该游客，儿童需按成人票价的（　　）付费。

A．50%　　B．100%　　C．10%　　D．20%

129. 患者起病快，表现为呕吐、发烧、腹痛、腹泻、恶心等，吐泻严重者可能出现脱水、休克。根据以上描述的症状判断，游客可能是（　　）。

A. 中暑　　B. 食物中毒　　C. 溺水　　D. 心脏病猝发

130. 下列选项中，错误的是（　　）。

A. 若旅游者发生骨折，不要让患者再活动，忌按摩揉搓

B. 若旅游者不慎受伤出血，可以用布条、带子代替止血带扎紧止血

C. 若旅游者溺水，应立即让其平躺，上身稍垫高，头部偏向一侧，以防止呕吐时误吸肺内引起窒息

D. 若旅游者中暑，应尽快将其移至阴凉通风处

131. 导游人员小李带领一个建筑界人士组成的专家团去游览武当山，小李从武当山古建筑严整的规划布局，高超的建筑技艺的特征上去做深入、细致的讲解。在本次游览中，他遵循了（　　）。

A. 客观性原则　　B. 针对性原则

C. 计划性原则　　D. 灵活性原则

132. 发生误机（车、船）事故，导游人员应妥善应对，（　　）。

A. 进行耐心细致的解释，以防引起旅游者误解

B. 不要认为与己无关而草率行事

C. 尽量采取弥补措施，努力完成接待计划

D. 及时通知下一站，对日程做相应的调整

133. 旅游者在中国境内旅游期间丢失行李，一般情况下，是（　　）的责任，作为导游人员要高度重视，积极设法查找。

A. 交通部门或司机　　B. 交通部门或导游人员

C. 交通部门或行李部门　　D. 交通部门或旅行社

134. 地陪应在旅游团出站前与行李员取得联系，通知行李员取得行李的时间地点及行李送往的地点。这项工作属于（　　）。

A. 旅游团抵达前的计划安排　　B. 旅游团抵达前的业务准备

C. 旅游团抵达后的服务安排　　D. 赴饭店途中的服务

135. 在送团前商议并落实出行李时间的各个工作环节中，（　　）起着关键和枢纽的作用。

A. 全陪　　B. 地陪

C. 饭店行李员　　D. 旅行社行李员

136．全陪在首站（入境站）接团中，接到旅游团后应核实实到人数、行李件数、住房和其他方面特殊要求；如果人数有变动，应立即通知（　　）。

A．领队　B．地陪　C．组团社　D．地接社

137．（　　）应监督各地服务质量，酌情提出改进意见和建议，若活动安排与上几站有明显重复，应建议做必要调整；若对当地接待工作有意见和建议，要诚恳地指出，必要时向组团社报告。

A．领队　B．全陪　C．地陪　D．游客

138．如果游客是在（　　）突然患病，导游人员应立即通知饭店医务人员前来救治，然后送往医院，并及时将情况报告旅行社。

A．旅游乘车途中　B．景区景点

C．下榻饭店　D．自由活动时

139．导游讲解应遵循（　　）的内涵要求，讲解用语和动作、行为要文雅、谦恭，让游客获得美的享受。

A．言之有理　B．言之有趣　C．言之有喻　D．言之有神

140．导游人员通过有意识、有步骤的引导，澄清事实，讲清利弊得失，使游客逐渐信服的劝服方式属于（　　）劝服。

A．幽默式　B．诱导式　C．暗示式　D．迂回式

141．在（　　）阶段，游客往往表现出一定的“懒散心态、求全心理”和“群体心理”倾向，这是游客正常的心理现象。

A．入境前　B．旅游初期　C．旅游中期　D．旅游后期

142．有些致使游客产生不快情结的原因是不可更改又无法补偿的，导游人员要讲清原委，分析利弊，诚恳道歉，缓和游客的消极情绪，以得到游客的理解和合作，这种调节游客情绪的方法是（　　）。

A．恳谈法　B．补偿法　C．分析法　D．转移法

143．我国海关规定旅客携带中药材、中成药出境，前往国外的，总值限人民币（　　）。

A．100 元　B．150 元　C．200 元　D．300 元

144．导游称呼游客为“各位团友”，这属于（　　）的称谓。

A．交际关系型　B．套用尊称型　C．套用职业型　D．亲密关系型

145．导游人员小李带领旅游团到达某寺庙时，发现如果按照一般的线路游览，人很多，会影响旅游团的行程。因此，他果断地调整了游览线路，从右侧线路开始，使游程顺利完

成。这件事中，小李遵循了（　　）。

A．客观性原则　B．针对性原则　　C．计划性原则　　D．灵活性原则

146．CZ3115 指代的是（　　）。

A．中国南方航空公司自武汉至北京的去程航班

B．中国南方航空公司自武汉至北京的回程航班

C．中国国际航空公司自武汉至北京的去程航班

D．中国国际航空公司自北京至武汉的回程航班

147．我国导游服务的全面建设导游队伍阶段是指（　　）的时期。

A．20 世纪至今　　B．第一次世界大战以后至今

C．第二次世界大战以后至今　　D．1989 年至今

148．导游方法从单一化发展为多样化的重要因素是（　　）。

A．经济发展和社会进步

B．旅游者综合素质与需求层次的提高

C．旅游活动日趋多样化

D．导游人员适应职业发展变化的客观需要和主观努力

149．对于旅游者明知故犯的违法行为，导游人员应（　　）。

A．予以警告并报告有关部门严肃处理

B．假装看不见

C．报告上级领导

D．让领队予以解决

150．发生地震时，室外避险最忌讳的是（　　）。

A．躲在桌下　　B．跑向广场　　C．乱跑乱挤　　D．远离建筑

151．若被飓风困在野外，不要（　　）。

A．在狂风中奔跑　　B．平躺在低洼处

C．蹲下　　D．远离大树

152．由于游客自身原因丢失证件，补办新证件时所产生的费用由（　　）。

A．组团社负责　　B．地接社负责

C．失主自理　　D．导游员负责

153．香港游客丢失《港澳居民来往内地通行证》，经过办理有关手续，由公安机关出入境管理部门签发一次性有效的（　　）。

A．临时身份证　　B．《中华人民共和国出入境通行证》

C．《通行证遗失证明》　　D．《港澳同胞旅行证明》

154. 游客入住酒店，为了保证游客在火灾发生时能够尽快疏散，导游员应熟悉酒店的太平门、安全出口、（　　），并向游客介绍。

A. 安全电梯　　B. 安全楼梯　　C. 安全门窗　　D. 所有防火栓

155. 在景区游览，如发现游客走失，经过认真寻找无果后，导游员应（　　）。

A. 向游览地的派出所和管理部门求助

B. 向当地政府求助

C. 向附近居民求助

D. 向组团社领导求助

156. 不经我国（　　）邀请和允许，任何人不得在我国布道、主持宗教活动和在非完备活动场合散发宗教宣传品。

A. 公安机关　　B. 接待旅行社　　C. 地方政府　　D. 宗教团体

157. 乘坐飞机时，承运人停止办理乘机手续的时间，为航班离站时间前（　　）分钟。

A. 60　　B. 40　　C. 30　　D. 20

158. 下列关于我国签证的表述正确的是（　　）。

A. 华侨回国探亲、旅游必须办理签证

B. 在我国旅游签证属于普通签证，仅用于发给来中国旅游的人员

C. 去深圳、珠海、厦门经济特区的外国人，可直接向上述口岸签证机关申请“特区旅游签证”

D. 5 人以上的旅游团队可发给团体签证

159. 导游员在工作中，要针对不同职业、不同爱好、不同国籍的游客提供针对性的服务，对于（　　）更要特别注重方式方法。

A. 残疾游客　　B. 有特殊要求者　　C. 团费最高者　　D. 自己的亲属

160. 旅行社投保责任险的金额不低于国内旅游每人责任赔偿限额（　　）万元。

A. 11　　B. 16　　C. 8　　D. 5

161. 国道编号中“3XX”的含义是（　　）。

A. 以北京为中心的国道　　B. 东西走向的国道

C. 以上海为出发点的国道　　D. 南北走向的国道

162. 游客乘飞机时，（　　）不得随身携带，但可以放在托运行李中托运。

A. 鞭炮　　B. 煤油　　C. 磁铁　　D. 菜刀

163. “您好，挺辛苦吧？”属于（　　）式寒暄。

A. 询问　　B. 夸赞　　C. 问候　　D. 言他

164.（　　）是导游词的核心和灵魂。
A. 主题　B. 内涵　C. 知识　D. 史料

165. 导游语言不仅包括口头语言，还包括态势语言、书面语言和（　　）。
A. 肢体语言　B. 副语言　C. 表情语言　D. 目光语言

166.（　　）多用于表达兴奋、激动、惊叹、疑问等感情状态。
A. 平调　B. 升调　C. 降调　D. 直调

167.（　　）游客喜欢多动多看，对热门社会话题有浓厚兴趣。
A. 老年　B. 儿童　C. 年轻　D. 女性

168. 导游员为入境旅游团服务，在工作中需要游客的证件时，应经由（　　）收取，用毕立即如数归还。
A. 全陪　B. 领队　C. 地陪　D. 团长

169. 在景区游览，如发现游客走失，经过认真寻找无果后，导游员应（　　）。
A. 向游览地的派出所和管理部门求助　B. 向当地政府求助
C. 向附近居民求助　D. 向组团社领导求助

170. 在带团过程中，如发现个别游客有言行越轨的可疑迹象，导游员应（　　）。
A. 立即向旅游局汇报　B. 给予必要的提醒和警告
C. 视而不见、置之不理　D. 立即报告公安机关

171. 一位入境游客通过本地的朋友在民间帮他购得一幅古画，知悉此事后，导游员首先应该（　　）。
A. 建议游客注意保管和存放　B. 提醒他去文物部门鉴定
C. 建议他捐赠给博物馆　D. 提醒游客到相关部门购买发票

172. 刚入境的海外游客向导游提出租辆自行车上街兜风，导游员的正确做法是（　　）。
A. 予以劝阻　B. 帮助其租借自行车
C. 把自己的自行车借给客人　D. 陪同客人一起兜风

173. 乘坐飞机时，一般航空公司规定随身携带物品不得超过（　　）。
A. 10 千克　B. 20 千克　C. 5 千克　D. 12 千克

174. 旅游安全事故的处理要尽可能尽早开放现场的目的是（　　）。
A. 减少外界的无端猜疑　B. 减少对其他工作的影响
C. 减少处理人员的精神消耗　D. 减少对其他游客的影响

175. 在满足游客个别要求时，如果涉及费用问题，导游人员应（　　）。
A. 明确及时地告知游客　B. 暗示游客可能发生费用
C. 自己先垫付，回头再跟游客要　D. 索取发票找旅行社报销

176. 涉及游客人身、财产安全的事故，称之为（　　）。
A. 技术性旅游事故　B. 安全性旅游事故
C. 单一性旅游事故　D. 非责任旅游事故

177. 旅游事故的突发性特点，是指这种事故通常（　　）。
A. 防不胜防　B. 可以防范　C. 可以避免　D. 可以化解

178. 导游员帮助海外（外地）游客会见本地亲友或同行，一般（　　）。
A. 不参加会见，没有充当翻译的义务
B. 陪同前往，并担任翻译
C. 需参加会见，但没有充当翻译的义务
D. 收取翻译费用后陪同前往

179. 按计划旅游团将去另一地游览，第二天返回原地，有游客提出留在本地活动等团队返回。导游员正确的做法是（　　）。
A. 同意其要求，请全陪留下照顾　B. 劝其随团活动
C. 上报旅行社，再派一名导游　D. 请领队留下陪同

180. 游客提出想去不对外开放的地区和机构参观时，导游员的正确做法是（　　）。
A. 不得同意　B. 请示领导　C. 迂回式劝说　D. 积极协助

181. 导游员的职业形象主要指导游员的（　　）。
A. 仪容、仪表、仪态和行为举止　B. 仪容、发型、饰品和行为举止
C. 行为、仪态、服装和待人举止　D. 容貌、发型、服饰和行为举止

182. 在旅途中，有 3 名游客由于身体原因不能参加泡温泉的项目，要求更改成其他景点，导游人员要本着（　　）的原则，在不影响和损害其他游客权益的情况下予以满足。
A. 多数游客优先　B. 满足客人需求优先
C. 最容易完成的要求优先　D. 计划行程优先

183. 某旅游团当天行程结束回到入住酒店时，有几名游客提出自费观看当地地方戏剧的要求，导游员一般应予以协助、稳妥安排，但导游员通常（　　）。
A. 一同前往　B. 亲自接送
C. 要求领队陪同　D. 不必陪同前往

184. 生态旅游正在成为当前的旅游热点，它是游客在追求生态体验的同时承担（　　）的一种旅游活动。

A. 经济责任　B. 生态责任　C. 文化责任　D. 社会责任

185. 旅游事故按照性质可划分为（　　）和技术性旅游事故。

A. 人为旅游事故　B. 可预见性旅游事故

C. 安全性旅游事故　D. 可控性旅游事故

186. 某旅游团与旅行社商定，更改行程计划，提前一天抵达，由于旅行社计调人员的疏忽，未与酒店按照更改后的行程重新确定房间，导致游客抵达后不能入住。该事故按旅游事故责任划分属于（　　）。

A. 责任旅游事故　B. 人为旅游事故

C. 非责任旅游事故　D. 不可预见性旅游事故

187. （　　）通常都属于责任事故。

A. 漏接　B. 错接　C. 空接　D. 误接

188. 下列造成误机（车、船）事故中，属于责任事故的是（　　）。

A. 遇到交通事故　B. 行程安排不当或过紧

C. 严重堵车　D. 自然灾害

189. 为预防误机（车、船）事故的发生，导游员应安排充裕的时间去机场（车站、码头）。乘国际航班一般提前（　　）分钟抵达机场。

A. 45　B. 60　C. 90　D. 120

190. 若游客病危，亲属为外籍人士且不在身边，在联系不到其亲属的情况下，一切按（　　）处理。

A. 领队的意见　B. 所在国使领馆的书面意见

C. 全陪的意见　D. 组团社的书面意见

191. 在旅游活动中，遇到坏人行凶、诈骗、偷窃、抢劫，导致游客身心及财物受到不同程度的损害，这类情况统称（　　）事故。

A. 一般　B. 治安　C. 重大　D. 责任

192. 在领队服务程序中，不属于领队工作范围的内容是（　　）。

A. 负责实施旅游计划　B. 带领游客出入境

C. 为游客提供与出入境有关的服务　D. 督促落实旅游计划

193. 某领队带我国旅游团赴境外旅游，境外导游推荐自费项目时，领队应征求（　　）的意见，商定实施。

A．全体旅游团成员　　B．国内组团社
C．全陪　　D．游客代表

194．游客的生活能力包括独立生活能力和（　　）能力。
A．学习知识　B．处理问题　C．锻炼身体　D．适应环境

195．入境旅游团抵达首站，团队游客全部上车后，首先向游客致欢迎词的应该是（　　）。
A．地陪导游员　B．领队　C．司机　D．全陪导游员

196．地方导游服务程序是指地方陪同导游人员从接受（　　）下达的旅游团队接待任务时起，到旅游团离开本地并完成后续工作为止的工作程序。
A．组团社　B．地接社　C．旅行社计调　D．领队

197．接待外宾团的地陪提供翻译服务时，当接待人员的讲解内容涉及不恰当的言论、机密信息或有价值的经济情报时，地陪可以（　　）。
A．直接翻译　B．不翻译　C．转译成其他　D．报告领导

198．在处理旅游安全事故时要尊重当事人意愿的主要原因是（　　）。
A．不要引起经济损失的扩大　　B．不要影响其他游客游兴
C．不要激化矛盾　　D．不要影响旅游形象

199．领队人员遗失领队证的，应当（　　），然后申请补发。
A．及时报告所在旅行社，并登报作废
B．15天内在规定报刊上刊登遗失公告
C．及时报告旅游行政管理部门，并声明作废
D．及时报告旅行社和旅游行政管理部门

200．国务院将（　　）确定为“中国旅游日”。
A．5月18日　B．5月19日　C．5月20日　D．5月22日

二、判断正误并改错

1．导游工作具有涉外性，要求导游人员在入境旅游接待和出境旅游陪同中积极宣传社会主义中国，充分发挥民间大使的作用。（　　）

2．旅客购买飞机票后，如欲变更航班、日期或舱位等级，必须在原指定航班起飞前24小时提出，并只能变更一次。（　　）

3．游客要求推迟用餐，一般情况下，导游员要向旅游团说明餐厅有固定的用餐时间，过时用餐需另付服务费，若旅游团同意付费，可以满足其要求。（　　）

4．游客酗酒，不听劝告，扰乱社会秩序，侵犯他人，造成物质损失者，必须承担一切

后果，直至法律责任。（　　）

5.“空接”事故发生后，导游人员要迅速返回并处理相关事宜。（　　）

6. 游客如在中国散发宗教宣传品，导游人员要立即报告，由司法、公安有关部门处理。（　　）

7. 某旅游团内两名游客产生矛盾，其中一名游客要求单独用餐，导游员出于缓解矛盾，应立即予以安排。（　　）

8. 游客要在地摊选购古玩，导游员应劝阻，并告知中国的有关规定。（　　）

9. 某韩国旅游团赴长白山旅游，由于连续阴雨天，在山顶未能如愿看到天池，游客要求更改行程，多停留一天参观，导游人员原则上应满足游客要求。（　　）

10. 游客患一般疾病时，导游员应多加关心，并准备些常用药品给患病游客服用。（　　）

11. 出现游客抢救无效死亡的情况，对死者一般不做尸体解剖，如要求解剖尸体，应由死者的亲属或领队提出书面申请，经医院同意后方可进行。（　　）

12. 某旅行团乘机赴普吉岛旅游，因天气原因飞机不能按时起飞，延误一天半，游客投诉旅行社，要求旅行社双倍赔偿未享受的旅游活动费用，旅行社应满足游客要求。（　　）

13. 旅客出入酒店房间应随手关门，勿将衣物披在灯上或在床上吸烟，听到火警报警，立即乘电梯下楼。（　　）

14. 为残疾旅游者服务时，导游人员一定要注意方式方法，过分殷勤的服务有时会刺伤他们的自尊心，使他们对导游人员的言行产生反感。（　　）

15. 伊斯兰教人士一定要在有穆斯林标识牌的餐厅用餐时，导游要认真落实，以免引起误会。（　　）

16. 日本盛行鞠躬礼，但在国际交往时，一般行握手礼。（　　）

17. 在用餐时，餐巾应该挂在胸前，可以用来擦嘴，但不可以用来擦刀叉。（　　）

18. 在境外旅游的过程中，领队应与接待社导游人员密切合作，积极妥善处理各项问题，维护游客的正当权益。（　　）

19. 治安事故发生后，导游人员须立即向公安部门报警，积极协助公安局破案。（　　）

20. 交通事故处理结束后，导游人员最好独立提交事故报告，报告要力求详细、准确、清楚。（　　）

21. 为了防范发生治安事故，游客入住饭店时，导游人员应建议随身携带大量现金或将其放在客房内。（　　）

22. 在旅游过程中万一发生火灾，在消防队员到来后，要一面高声喊叫，一面挥舞色彩鲜艳的衣物，争取救援。（　　）

23. 为了预防错接事故，导游人员应认真逐一核实旅游客源地派出方旅行社的名称，旅游目的地组团旅行社的名称，旅游团的代号、人数、领队姓名、下榻饭店等。（　　）

24. 导游人员要善于在与游客谈话过程中把握语言的灵活性，当对方谈兴已衰，要随机应变，就地取材引出新的话题。（　　）

25. 在导游服务过程中，导游人员对游客进行劝服一定要根据事实讲明道理。（　　）

26. 导游人员在接待信奉宗教的游客时，向客人宣传无神论时应正面宣传，讲究礼貌，

要求同存异，不强加于人。（　　）

27. 当某一地的旅游活动被迫取消时，导游人员选定替代原景点的新景点后，要以精彩的介绍、新奇的内容和最佳的安排激起旅游者的兴趣，使新的安排得以实现。（　　）

28. 对于难以合作的领队，导游人员可以给予冷遇，遇事直接与旅游成员商量。（　　）

29. 游客购买某一商品，但当时无货，请导游人员代买并托运，对游客的这类要求，按照合理而可能原则导游人员一般应予以满足。（　　）

30. 旅游者若丢失证件，应重新申领新的证件，费用由失主自理。（　　）

31. 旅游活动计划和日程一旦商定，双方应严格执行，不能更改。（　　）

32. 我国第一家旅行社是1949年12月成立于福建厦门的华侨服务社。（　　）

33. 若散客乘坐国际航班离境，导游员必须在飞机离站前180分钟将他们送达机场。（　　）

34. 接待散客，导游员应提前15分钟抵达接站地点，引导他们上车。（　　）

35. 仪容即人的容貌，是个人礼仪的重要组成部分。（　　）

36. 地陪应提前10分钟抵达接站地点，并留意停车位置和与行李员联系。（　　）

37. 年长者对年轻者或身份高者对身份低者握手时，应双手握住对方的手。（　　）

38. 旅游者上下车时，导游员应恭候在车门旁，热情地搀扶和协助每一位旅游者。（　　）

39. 导游要有强烈的证件意识，必要时全陪、地陪也可以保管旅游者的证件。（　　）

40. 第一印象的好坏常常构成人们的心理定式，不知不觉中将其作为日后判断一个人的重要依据。（　　）

41. 随着科技的发达，出现了图文声像的导游方式，这种导游方式具有形象生动、便于携带保存的特点，这意味着导游的现场讲解不再重要。（　　）

42. 导游人员为儿童旅游者提供服务时，越热情效果越好。（　　）

43. 在旅游接待过程中，儿童旅游团在购买火车票、船票、景点门票等一般是按照年龄来收费的。（　　）

44. 作为一名合格的导游人员，不仅要具有独立工作能力、组织协调能力，还应具备处理和解决旅游安全事故及突发事件的应变能力。（　　）

45. 业务性事故也可称为责任事故，导致这类事故发生的原因是旅游接待一方在运作中出现了差错，这种事故是很难预防和控制的。（　　）

46. 一般误机（车、船）事故的原因可分为导游人员的主观原因造成事故、意外事件原因造成事故，以及游客原因造成事故。（　　）

47. 如果已经造成误机（车、船）事故发生，导游人员和旅行社应该做好事故补救工作，使损失和影响减少到最低程度。如当日无法离开本地，导游人员要努力稳定旅游者情绪。导游人员要与旅行社一起努力，安排好旅游团在当地滞留期间的食宿和游览事宜，有事一定要自己拿主意，不要让旅游者过多地知道内幕。（　　）

48. 在西餐桌上，不勉强劝人喝酒，不勉强劝人吃菜。（　　）

49. 一般情况下搭乘国内航班的旅游团队应该提前90分钟抵达机场。（　　）

50. 提醒的语言方式分为敬语式、协商式、暗示式。（　　）

51. 当发生海啸时，导游员要带领游客迅速离开海滨，可以站在远处观看海啸。

（ ）

52．游客重病住院，患者亲属在当地期间一些费用由旅行社按协议规定处理。（ ）

53．游客中暑后，要让其在阴凉处静坐休息。（ ）

54．中国公民出境旅游时丢失护照后，可持当地警察机构的报失证明和遗失者照片及有关护照资料到我驻该国使、领馆申请补发新护照。（ ）

55．如果是导游人员自身原因造成漏接时，可请旅行社的领导出面赔礼道歉或者酌情给旅游者一定的物质补偿，以消除导游人员的不良影响。（ ）

56．当被迫改变旅游计划时，全陪应代表组团社做出决定并通知有关的地方接待社。（ ）

57．旅游车前往景点途中若有旅游者患病，应该拦截其他车辆将其送往医院，不能因此而中断旅行。（ ）

58．旅游者在接近用餐时提出换餐，导游人员要尽量与餐厅联系，如餐厅有该项服务，可以满足。（ ）

59．若旅行社已经安排好观赏某文娱演出后，旅游者却要求观看另一演出，如接待社无法调换，地陪应向游客耐心解释，并说明票已订好，不能退换，请游客谅解。（ ）

60．旅游者要求单独外出购物时，在任何情况下，导游人员都应该给予协助。（ ）

61．游客要求导游人员转递物品，一般情况下，导游人员应该满足游客的要求。（ ）

62．处理旅游者越轨言行时要实事求是，合情、合理、合法。（ ）

63．全陪、地陪受各自旅行社的委派，都是旅游服务的提供者，他们之间是监督和被监督的关系。（ ）

64．办理境外离境手续时，通常都是先办理边检海关，再办理登机手续。（ ）

65．全陪应该积极地为旅游团办理住店手续，并分配房间，掌握住房分配名单。（ ）

66．OPEN 票就是已经定妥日期、航班和机座的机票。（ ）

67．地陪接到旅游团后，如出现增加、减少或者与计划不符的情况，地陪应该问清楚原因即可。（ ）

68．旅游者用第一餐时，地陪应主动将其引进餐厅，将领队和全陪介绍给餐厅领班或主管有关人员，并告知旅游团的特殊要求。（ ）

69．全陪应做好联络工作，若实际行程和计划有出入时，全陪要及时通知下一站。（ ）

70．领队、全陪或旅游者对日程提出小的修改意见或要求增加新的游览项目时，地陪一般应该婉拒，表明我方不便单方面执行合同。（ ）

71．在景点游览过程中每一次移动，地陪应与全陪、领队密切配合，并随时清点人数，防止旅游者走失和意外事件的发生。（ ）

72．接散客的导游人员若在机场没有接到该接的散客，应与其计划下榻的饭店联系查询其是否已自行到达饭店。（ ）

73．一外国旅游团计划在 10 月 20 日 12：30 离京回国。19 日晚个别旅游者提出要求 20 日上午去卢沟桥参观，然后直接去机场，这是合理要求，地陪应予满足。（ ）

74．在一般情况下，入境旅游团离开中国后，继续留在中国旅游的旅游者，与接待旅行社已经没有关系，导游人员不必再为其提供服务。（　）

75．为减少自然灾害等意外风险给旅游者带来的损害，旅行社在招徕、接待旅游者时，可提示旅游者购买旅游意外保险。（　）

76．凡涉及游客人身、财产安全的事故均为旅游安全事故。（　）

77．在参观游览时，旅游者突然患病，导游人员应立即背起旅游者送往医院，以免久等误事。（　）

78．小李的外语水平很高，既当全陪又任领队，他认为两者的工作完全相同，区别在于他带领的是入境旅游团还是出境旅游团。（　）

79．旅行社责任险是强制险，旅游意外保险是自愿保险。两种保险费都由旅游者在与组团社签订旅游合同时一次性支付。（　）

80．游客要求去不对外开放的地区、机构和单位参观游览，导游人员应婉言谢绝。（　）

81．国内游客丢失财物后，导游应立即向接待社领导汇报。（　）

82．我国境内不能收兑瑞士法郎。（　）

83．信用卡种类很多，按发卡机构的性质分为普通卡和金卡。（　）

84．托马斯·库克创办了世界上第一家商业性旅行社。（　）

85．导游人员与旅游车司机的合作很重要，要及时向司机通报相关信息；协助司机做好安全行车工作；征求司机对日程活动日程的意见。（　）

86．有宗教信仰的游客在生活上一般有些特殊要求和禁忌，导游人员应按照旅游协议书中的规定，尽量予以满足。（　）

87．天主教游客在车上祈祷时，导游人员和司机应主动下车，等祈祷结束后再上车。（　）

88．导游人员在带高龄旅游团游览时，要放慢行走速度，讲解时加大音量，吐字清楚，必要时还要多重复。（　）

89．导游人员在接到残疾游客后，应当众询问需要什么帮助，不断地问候他们。（　）

90．外国旅游者要求会见驻华使、领馆人员时，导游人员应予以劝阻。（　）

91．根据海关规定，旅客携带有须向海关申报的物品时，要选择“红色通道”通关。（　）

92．如果游客需要做手术，须征得患者亲属或领队的同意，如不在，地陪可代签。（　）

93．导游词的类型并无一定之规，且因讲解内容和导游人员的文化素养的不同而异。（　）

94．制造悬念法是一种“先藏后露、欲扬先抑、引而不发”的手法。（　）

95．免费乘车的儿童单独使用卧铺时，应购买全价卧铺票，有空调时还应购买半价空调票。（　）

96．地陪在接到旅游团后，不应该马上向全团说明活动日程安排，而应该先和领队、全陪核定、商定日程。（　）

97．具有一种商业性质的职业导游是到了近代才产生的。（　）

98．生活中的美容化妆，以修整统一、和谐、自然为准则。（　　）

99．西餐吃鱼时，如吃到骨、刺，可将骨、刺吐在餐桌上，也可用餐具或手取出放在盘中。（　　）

100．虚实结合法要求“虚”“实”有机结合，以“虚”为主，以“实”为辅，以“虚”烘托情节，以“虚”加深“实”的存在。（　　）

101．导游员在进行导游活动时，为方便游客，可以把土特产等物品带到旅游车上出售给游客。（　　）

102．导游员不得以明示或暗示的方式向游客索要小费或礼物，不准因游客不给小费或礼物而拒绝提供服务，不暗示游客满足其个人要求。（　　）

103．导游员可以通过自我暗示使自己的态度变得积极。（　　）

104．柔性语言表现为语气亲切、语调柔和、措辞委婉、说理自然，与人说话时常用商讨口吻的语言。（　　）

105．旅行支票是银行或旅行社为方便旅游者，在旅游者交存一定金额后印发的一种面额固定、有指定付款人和付款地点的定额票据。（　　）

106．游客要求换餐时，导游员应立即满足游客的要求，无条件地为其换餐。（　　）

107．导游员处理游客个别要求的程序是立即向领导汇报、等待旅行社通知、按旅行社要求满足游客的要求。（　　）

108．信用卡是由金融机构或非金融机构向客户提供小额消费信贷的一种信用凭证。（　　）

109．海关检查一般仅询问是否有需要申报的物品，或填写旅客携带物品入出境申报单。（　　）

110．游客要求推迟用餐，一般情况下，导游员要向旅游团说明餐厅有固定的用餐时间，过时用餐需另付服务费，若旅游团同意付费，可以满足其要求。（　　）

111．旅游团要求外出自费品尝风味，因为是自费，所以导游员可以把联系电话给领队，由领队去预订。（　　）

112．导游服务质量的实质是导游员的素质和工作积极性在导游服务过程中的体现。（　　）

113．随着旅游业的快速发展，要求我们必须加强导游服务质量管理。（　　）

114．导游员应严格按照合同的约定安排统一的购物活动，非经旅游者主动要求，不应擅自增加旅游合同约定以外的购物安排或者强迫旅游者购物。（　　）

115．游客对所购物品不满意要求导游人员帮忙退换时，导游人员应建议其自行退换。（　　）

116．导游员应提醒游客随着天气的变化及时增减衣服、带雨具等。（　　）

117．外国游客在我国境内可以自由散发宗教宣传品。（　　）

118．游客自费观看文娱节目时，导游人员须陪同前往，并向游客介绍节目的内容和特点。（　　）

119．导游员必须是旅游团的主导者，对旅游团具有“驾驭”能力。（　　）

120．外国游客在中国境内可凭本人的有效护照和旅游签证前往对外国人开放的地区旅行。（　　）

121．旅客使用减价票，没有减价凭证或不符合减价条件时，需补足差价。（　　）

122．所谓越轨行为一般是指游客侵犯一个主权国家的法律和世界公认的国际准则的行为。（　）

123．在中国境内外国人丢失了护照，应该去当地公安部门重新办理申领手续。（　）

124．旅游活动计划和日程一旦商定，双方应严格执行，并不能更改。（　）

125．由于接待方的疏忽、计划不周等原因造成的事故属于责任事故。（　）

126．游客在自由活动时走失，导游人员没有责任。（　）

127．游客丢失财物属于个人事故，导游员只有安抚的义务。（　）

128．游客购买了贵重商品，要求在发票上少写货款，以求回国时少交关税，本着“游客至上”的服务原则，导游人员应该予以满足。（　）

129．责任性旅游事故，是旅游活动中常见的，导游人员必须重视并及时排除。（　）

130．飞机中途着陆加油时，乘客一般下机休息，同时所用物品都要带下飞机。（　）

131．错接事件发生在同一家旅行社，可以将错就错。（　）

132．当游客由于中暑而出现神志不清时，导游人员可以用冷水或酒精擦身散热，缓解后让其静坐休息。（　）

133．游客抵达后才提出饮食禁忌，导游人员应尽量满足，如果处理确有困难，导游员可协助其自行解决。（　）

134．乘国内航班提前一个小时到达机场。（　）

135．游客要住高于合同规定标准的房间，如有，可以满足，但游客要付饭店退房损失费和高标准住房的房费差价。（　）

136．旅游团即将离开本地，有游客要求到热闹商业区购物，导游员应尽量陪同前往。（　）

137．若游客走失后出现其他情况，应视具体情况作为治安事故或其他事故处理。（　）

138．游客以无理要求提前离团，劝说无效时，可满足其要求，但应告知只能退还部分费用。（　）

139．游客要求转递物品，若是贵重物品、食品、药品或未交税的应税物品，导游员应拒绝。（　）

140．中国公民出境旅游时遗失护照，应持当地警察机构的报案证明和遗失者照片及有关护照资料到我驻该国使领馆办理新护照。（　）

141．手势语言是指通过手臂挥动、手掌摆动和手指弯曲来传播信息的非口头语言，在导游工作中最灵活、最丰富、最生动的是手臂语，如招手等。（　）

142．在游览活动中，有游客走失，地陪应立即开始寻找，领队和全陪带领其他游客原地等候。（　）

143．导游员应该劝阻游客单独骑自行车去人生地不熟的街头游玩。（　）

144．游客不随团离开或出境，离团后的一切费用均由游客自理。（　）

145．某旅游团大巴车行驶在公路上，有一不明身份者拦车，示意司机停车，导游员应提醒司机不要停车、不要开门。（　）

146. 国家旅游局局长邵琪伟在全国导游大会上的讲话中强调，旅行社和导游服务机构要主动承担起对导游服务质量监管的责任。 ( )

147. 有一名游客向导游投诉同屋团友睡觉打鼾，使其无法正常休息，导游员请领队调解或内部调整未成，游客提出住单间，房费由本人及打鼾室友各付一半。 ( )

148. 为了防止各地方旅行社向导游员下达接待任务出现失误，在接到旅游团后，导游员应先与全陪和团队游客核对各自得到的行程安排。 ( )

149. 一名英国游客在西安某酒店醉酒闹事，按照我国《治安管理处罚法》的规定，应予以处罚。 ( )

150. 取得导游人员资格证的人员申请办理导游证，须参加颁发导游证的旅游行政管理部门举办的岗前培训考核。 ( )

151. 切实维护旅游者的利益主要表现在收费上能否做到经济实惠。 ( )

152. 旅游接待服务中的平等原则、一视同仁、以礼相待，体现在“六个一样”上，其中内外一样是指对外国客人和国内客人一样看待。 ( )

153. 一般来说，从业者对职业的要求可以概括为三个方面：维持生活、完善自我和服务社会。 ( )

154. 旅游服务、旅游宣传、旅游资源和旅游设施都是旅游消费产品，它们都是旅游活动的媒体。 ( )

155. 导游人员的形象是指导游人员在导游服务中所呈现出来的与其从事的职业相匹配的外部表征。 ( )

156. 道德与法律在内容上相互渗透、相互包容，从某种角度讲，法律是最基本的道德，道德是不成文的法律。 ( )

157. 由于主观原因造成的漏接，导游员应实事求是地向游客说明情况，诚恳地道歉，尽可能地采取补救措施，努力完成接待计划。 ( )

158. 空接完全是由于导游员的工作失误造成的。 ( )

159. 为了迎合游客的需求，导游员在工作中可以牺牲旅游目的地和旅行社的一些利益。 ( )

160. 某外国游客对北京交通拥堵的情况发表评论属于越轨行为。 ( )

161. 若导游员答应帮助游客转递物品，要请游客书写委托书，注明物品名称和数量，收件人收到物品后要书写收条，导游员要妥善保管委托书和收条。 ( )

162. 交谈是导游员与游客之间增进了解的重要途径，导游员与游客交谈时应活跃气氛、少听多说。 ( )

163. 飞机上备有各种文字报刊、杂志，供旅客阅读，喜欢的游客可以带走。( )

164. 乘坐火车时，进站接送旅客的人要购买站台票，站台票是当日使用多次有效。 ( )

165. 各地旅游行政管理部门颁发的临时导游证的有效期为一年。 ( )

166. 导游服务技能可分为心理技能与操作技能。 ( )

167. 游客发生骨折，须及时送往医院，现场导游员不能做任何处理。 ( )

168. 在公共场合，要遵守“不妨碍他人”的原则。 ( )

169. 顾名思义，旅行社门市的作用就是为旅行社招徕旅游者，接受旅游者预订或购买旅行社产品，并与旅游者签订合同的机构。 ( )

170. 旅游过程中，旅游团（者）提出变更路线或日程的要求时，导游员原则上应婉拒，特殊情况应请示组团社核定。（ ）

171. 导游员下团后并到旅行社报账后，整个导游服务工作就结束了。（ ）

172. 导游员的职业等级是导游服务能力的标志，导游员应通过不断学习考核和实操锻炼，获得更高的职业等级。（ ）

173. 导游员应不断总结和交流带团经验，针对自身服务各方面存在的薄弱环节或旅游者的投诉，分析原因，并采取纠正与预防措施予以弥补或解决，使服务质量持续改进。（ ）

174. 于 1975 年成立的世界旅游组织是唯一代表世界各国政府旅游管理部门的国际性常设组织。（ ）

175. 交通事故在旅游活动中时有发生，导游员可以预料并控制。（ ）

176. 游客向导游人员抱怨旅行社收费过高，为消除游客不满情绪，导游人员可将旅游团的收费细目向他们作一一说明。（ ）

177. 发生旅游危机时，旅游客源地发出旅游劝告，其内容应由客源地自己拟定即可。（ ）

178. 世界旅游与观光理事会（WTTC）1992 年度报告表明，旅游业已经成为世界上最大的产业。（ ）

179. 对游客提出的各种特殊要求，导游人员都应设法予以满足，以求得游客满意。（ ）

180. 导游证持有人需要在有效期满后继续从事导游活动的，应当在有效期限届满 3 个月前向省级旅游局申请办理换发导游证手续。（ ）

181. 从游客差异角度说，导游人员长年累月地面对的是一个个不断变化的复杂群体。（ ）

182. 导游人员尊重相关接待单位的劳动是做好与其协调工作的前提。（ ）

183. 我国导游证实行统一版式。因此，导游员跨省或跨城市调动的，原发证机关无须收回变更人的导游证。（ ）

184. 参加全国中级导游考试合格的，持原导游证和身份证、导游等级证书（原件及其复印件）、《导游证申请表》（一式三份须注明“等级变更换发”字样）到县级以上旅游行政管理部门办理换领手续。（ ）

185. 带团中不慎遗失导游证的，在申请补办期间，可凭借所在旅行社开具的证明从事导游活动。（ ）

186. 导游证是从事导游活动的法定证件，丢失的，应当到省级以上旅游行政管理部门补办。（ ）

187. 导游证内分值不得随意进行更改。遇错误计分或诉讼后确需更改分值时，须持原检查部门盖章的情况报告到所属旅游行政管理部门，经局长签署意见后方可更改。（ ）

188. 个性化服务是导游人员在按照规范化服务的要求落实旅游接待计划之外，为满足部分游客或个别游客的各种要求而提供的服务。（ ）

189. 旅行社和导游管理服务机构应当采取有效措施，要求导游人员参加导游人员等级考核评定。（ ）

190. 旅游产品的生产过程与消费过程是同时进行的，导游人员的接待过程就是旅游者

的消费过程。（　　）

191．导游服务的经济性要求导游人员树立起商品经济观念，把提高导游服务质量与提高经济效益结合起来，为国家的经济建设做出贡献。（　　）

192．为使导游讲解妙趣横生，让旅游者兴趣盎然，导游人员在讲解时不能墨守成规，而要随时随地甚至随心所欲地改变讲解的方式方法和讲解内容。（　　）

193．为保证导游队伍的纯洁性，我国现行旅游法规不允许导游员在任何情况下收受小费。（　　）

194．依法取得导游证的导游人员，可以接受旅游者的委托为其提供导游服务。（　　）

195．导游员张某进行导游活动时，向旅游者兜售物品。对此，旅游行政管理部门不仅依法处罚张某，对委派张某的旅行社也应给予处罚。（　　）

196．对无导游证从事导游活动的，由工商行政管理部门责令改正，处以罚款；有违法所得的，并处没收违法所得。（　　）

197．A社领队人员王某因调整工作，将领队证转让给B社具有导游证书的张某，王某的行为并不违规。（　　）

198．A社领队人员蒋某接受所在旅行社委派，带领旅游者出境旅游，因身体不适，遂请有领队证的领队杨某代替其出团，杨某可以同意蒋某的请求。（　　）

199．自觉维护国家利益和民族尊严，并提醒旅游者抵制任何有损国家利益和民族尊严的言行，是领队人员的权利之一。（　　）

200．协同接待社实施旅游行程计划，协助处理旅游行程中的突发事件、纠纷及其他问题，是领队人员的职责之一。（　　）